포노사피엔스 시대의
멀티리터러시 교육

Phono sapiens Age, A Study on
Multi-literacy Education and Its Possibilities

KB140214

포노사피엔스 시대의 멀티리터러시 교육

Phono sapiens Age, A Study on
Multi-literacy Education and Its Possibilities

김현아 지음

들어가는 글

포노사피엔스(Phono Sapiens), 스마트폰이 낳은 신인류의 시대가 도래했다. 젖병을 놓자마자 핸드폰을 손에 쥐게 된 세대. 글을 몰라도 유튜브를 검색하고 실행하는 세대를 우리는 마주하고 있다. 스마트 미디어와 미디어 리터러시의 홍수 속에서 우리가 이 새로운 리터러시를 어떤 방식으로 교육에 접목할 것인가 하는 문제는 한국어 교육뿐 아니라 모든 교육의 분야에서 화두가 되고 있다. 우리는 소리 바탕의 문자체계인 위대한 유산인 한글 덕분에 1% 미만의 문맹률을 자랑하지만, 많은 언어들이, 예를 들자면 한자나 영어는 모두 글자를 쓰인 그대로 읽을 수 없는 관계로 쓰는 법과 읽는 법을 따로 익혀야 한다. 미국의 성인 문맹인구가 1,600만 명에 달한다는 조사 결과[1]와, 미국 초등학교 3~5학년 학생들의 절반 이상의 읽기 능력 수준이 기준치에 미치지 못한다는 보고서[2]의 내용은 상대적

---

1) [KBS글로벌24리포트] "美 성인 문맹률 높은 이유?" (2017.12.07일자)

2) 캘리포니아 주 평가보고서, 2015. AP통신은 캘리포니아 주의 일부 교사와 학생들이 주 교육부를 상대로 "글을 읽고 쓸 줄 모르는 학생들이 많지만 주 정부가 이에 대한 아무런 조치를 취하지 않고 있다"며 학생들의 문맹문제를 해결할 것을 요구하는 소송을 제기했다고 보도하였다.(2017.12.05.일자)

으로 한글의 우수함을 증명하는 확실한 증거가 아닐 수 없다. 유네스코(UNESCO)에서는 문맹 퇴치에 공이 큰 사람에게 매해 '세종대왕 문맹 퇴치상(King Sejong Literacy Prize)'이라는 상을 주고 있는데, 이 상의 명칭이 세종대왕에서 비롯된 것은 한글이 어느 다른 문자보다도 배우기가 쉬워 문맹자를 없애기에 가장 훌륭한 글자체계임을 세계적으로 인정받은 결과라고 할 수 있는 것이다.

리터러시(Literacy)를 '읽고 쓰는' 소통 능력이라고 할 때, 의미를 전달하는 체계는 이제 종이와 활자에서 '화면' 속의 다양한 기호들로 옮겨지고 있다. 이제 전통적 리터러시를 넘어 새로운 형태의 뉴리터러시, 즉 멀티리터러시의 시대가 도래한 것이다. 이러한 변화들은 갑작스러운 것 같지만 사실은 이미 1996년에 미국의 뉴런던에서 각국의 학자들이 모여 '멀티리터러시'라고 하는 새로운 개념의 리터러시와 향후 방향성에 대해 논의했다.

학교는 여전히 전통적인 리터러시가 강하게 남아 있는 공간이다. 스크린을 활용하고 있지만 여전히 오래된 지식을 오래된 방식으로 가르치고 있다. Covid-19라는 사상 초유의 사태로 온라인 수업이 일상화되었지만 온-오프라인이 혼재된 상황에 많은 교사들은 피로감을 호소하며 교육 현장이 다시 원래의 모습을 찾기를 바라고 있는 실정이다. 그러나 변화의 바람은 이미 우리 곁에 와 있고, 앞으로의 학교 교육은 팬데믹 이전과는 달라질 가능성이 크다. 학습자들의 요구와 효율을 따져 봐도 지금까지의 그것과는 달라질 것이 뻔하다.

　언어와 문화 교육은 직접 보고, 듣고, 느끼고, 생각할 수 있도록 하는 뭔가가 필요하다. 무엇일까? 이 질문은 오래된 나의 경험으로부터 시작되었다. 지금은 외국인 유학생들에게 한국어를 가르치고 있지만, 이십여 년 전 유학생이었던 시절 나의 영어 스트레스의 팔할은 언제나 '듣기'였다. 열심히 외우고 연습하면 내가 하고자 하는 말은 전달할 수 있었으나, 내가 '외국인'이라는 사실은 그들이 상관할 바는 아니었는지, 배려 없는 원어민들의 발화 속도 앞에서 나는 난처한 표정으로 작아지기 일쑤였다.

선생님들과의 소통은 그다지 어렵지 않았지만 학교 밖을 나섰을 때 느끼는 벽은 늘 거대했다. 학교 안의 언어와 학교 밖의 언어는 많이 달랐다. 아르바이트를 하는 동안 건네는 손님들의 농담에 적절한 대답으로 웃음을 준 날은 하루 종일 기분이 좋았다. 그들의 언어는 늘 책에서 배우는 그들의 문화 그 이상의 함의를 갖고 있었다. 학교에서 교재로 배우는 것만으로는 안되는 뭔가가 있었다.

브리트니 스피어스의 노래가 최고의 인기를 누리던 시절이었기에 그녀의 노래 가사를 숙지하고 흥얼거리며 따라 부르는 일은 소소하지만 확실한 즐거움이었다. 어디서나 흘러나왔고, 그때마다 나는 자신 있게 따라 불렀다. 이러한 나의 관심 때문이었을까, 미국의 유명 TV 토크쇼에 출연한 브리트니와 진행자의 대화는 너무나 잘 들렸다. 이러한 관심은 자연스럽게 드라마로 옮겨 갔다. 미국 거주 경험이 전혀 없이도 매우 능숙한 영어를 구사하는 BTS의 김남준 (RM)의 영어 비법으로 잘 알려진 드라마 프렌즈. 이 재미있는 드라마를 자막과 함께 보는 일은 무척 흥미롭고, 신기한 경험이었다.

드라마 내용 자체가 재미있는데다가 책에는 없는 젊은이들의 문화와 뜻밖의 표현들은 새롭고 놀라웠다. 몰랐던 표현은 입으로 따라 되뇌며 시간 가는 줄 모르고 보곤 했다.

외국어를 공부하는 일은 참으로 어려운 일이다. 시작은 막연하고, 하다 보면 쉽게 지친다. 그러나 아무리 공부하기 싫어하는 아이들도 현지에서 자라면 누구나 그 언어에 익숙해진다. 단지 결정적 시기를 잡았기 때문만은 아니리라. 언어는 필요에 의해 익숙해지는, 그 사회를 구성하는 구성원들 간의 무형의 약속이며, 온갖 생활 문화의 집약체이기 때문일 것이다.

해도 해도 영어가 좀처럼 늘지 않는다고 느끼던 시절, 나는 늘 케빈 선생님의 영어 수업을 기다렸다. 그분의 수업은 재미있었기 때문이다. 어려서부터 말주변이 좋았던 나는 나의 언어적 역량을 충분히 발휘할 수 없는 유학생활이 힘들었으면서도 어느 순간, '아무리 한국어를 못하는 초급 외국인 학생들에게라도 언어를 재미있게 가르치는 선생님이 되고 싶다'라는 꿈을 갖게 되었다. 누구든지 재미있어서 기다리는 수업, 그리고 실제 언어 활용에도 크게 도움이 되는 살아 있는 언어를 가르치는 일은 나의 이십 대-이방인으로서 살았던 경험으로부터 자리 잡은 새로운 목표가 되었다.

한국어 교육을 시작한 지 14년이 되었다. 그리고 '멀티리터러에 기반한 한국어 교육 프로그램 개발'이라는 이름으로 야심 차게 시작한 연구는 한 권의 책으로 완성되기까지 꼬박 4년이 걸렸다. 이 과정은 돌이켜 보건데 셀 수 없는 불면의 밤을 견디어내게 하며 내 삶에 참 인내와 성찰의 의미를 깊게 새겨준 시간이었다.

이러한 기회가 온다면 꼭 감사의 마음을 글로써 남기고 싶었던 분들이 있다. 2012년 겨울 새내기 강사를 믿고 학생들을 맡겨주신 한서대학교 어학교육원 김진우 원장님, 어학교육원에서 처음 만나서 대학생이 되어 학부에서 만난 학생들은 나의 연구에 적극적으로 참여해 주었고, 원장님은 언제나 한결같이 한국어를 가르치는 사람의 자존감을 높여 주는 분이셨다.

이 책의 기반이 된 연구 논문의 질적 향상에 도움을 아끼지 않으신 한국외국어대학교 대학원 교수님들께 대한 감사도 기록하고 싶다. 십여 년 전 국제지역대학원 한국학과 주임교수로 만나서 내 석사 논문부터 박사 논문까지 심사를 맡아주신 채호석 교수님, 칼날 같은 지적 끝에는 봄날 같은 미소를 보여 주셨다. 언제나 정확한 조언을 주시면서도 따뜻함을 잃지 않으신 박기선 교수님, 그리고 정해권 교수님, 의견을 빼곡히 써서 건네주신 논문을 검토하고 수정하는 가운데 여러 번 가슴이 뭉클했다. 박사 논문을 쓰는 것을 산을 넘는 과정이라고 말씀해 주셨던 강란숙 교수님과 안정민 교수님의 도움도 잊지 않겠다. 한국학과 조영한 교수님, 대학원에 처음 부임하셔서 어색하게 첫인사를 건네시던 삼십 대의 젊은 교수님은 어느새 머리가 하얀 학자의 모습으로 변해가고 있지만, 초심을 잃지 않으시는 성실함을 느낄 때면 나는 늘 반가운 마음이 들었다.

그리고 석사에서 박사까지 나의 지도교수였던 김재욱 교수님, 논문학기를 앞두고 안식년을 맞아 미국에 계신 교수님께 연락을 드렸을 때 흔쾌히 내 논문지도를 맡아주겠다고 하셨던, 그래서 몹시 기뻤던 기억이 지금도 생생하다. 그 기억 때문에 이후의 힘든 과정들을 다 견딜 수 있었다. 프로그램 개발의 첫 단계부터 함께해 주신 김무영 박사님도. 평가지와 설문지를 하나하나 분석하며 의미 있는 결과가 도출되었을 때는 함께 기뻐해 주셨었다.

끝으로 나의 존재의 시작점인 부모님과 가족들에게, 대한민국에서 가장 열심히 살아오신 두 분이 나의 부모님이라는 사실에 나는 늘 든든했다. 마흔이 되어서도 공부하는 딸을 위해 내가 필요할 때마다 무조건 달려와 준 사랑하는 엄마 전필순 여사님, 일흔이 넘어서도 딸에게 용돈을 주시는 멋진 아빠 김명수 님, 그리고 글 쓰는 동생 대신 온갖 귀찮은 일 다 도맡아 주었던 오빠, 조카들에게 늘 진심인 삼촌, 김동혁 님에게도 진심으로 고맙다고 말씀드리고 싶다.

얼마 전 하늘나라로 떠나신 시아버님께도. 어린 나이에 시집 온 며느리를 참 예뻐해 주셨던 아버님. 아이들 키우면서 일하고 공부하느라 고생했다, 논문 내용이 어려웠지만 그래도 열심히 읽었다며 진심으로 응원해 주셨던 아버님께 부족하지만 이 책을 선물해 드리고 싶었는데, 늦어버렸다.

그리고 멀리 호주에 계신 나의 영원한 멘토이자 스승인 김기완 목사님과 사모님께도 감사의 마음을 전하고 싶다. 두 분은 낯선 땅에서 나의 보호자였고, 친구였고, 아빠 엄마가 되어 주셨다. 스무 살이었던 유학생은 이제 유학생 딸을 둔 엄마가 되었고.

그리고 내 삶의 증거인, 참으로 자랑스러운 딸 성주와 아들 유건, 조카 준섭. 그리고 마지막으로 이 세상에서 나를 가장 아껴주는 사람, 언제나 나를 더욱 멋있는 사람으로 만들어주는 남편 강금석 기장에게 나의 가장 깊은 사랑과 존경의 마음을 전한다.

나의 연구는 이제 막 작은 꽃을 피웠다고 생각한다. 이 꽃이 열매를 맺기까지 오늘의 감회를 잊지 않겠다. 또한 인내의 결과로 얻어진 지식과 소중한 경험을 결코 스스로의 영달을 위해 천하게 사용하지 않겠다.

세상이 아무리 빠르게 바뀌어도 결코 변하지 않는 진리이신 하나님께 모든 영광을 돌리고 싶다.

2021년 여름 김현아

목 차

I

멀티리터러시
교육이란

1. 멀티리터러시 교육은 왜 필요할까

포노 사피엔스(Phono Sapiens)[1] 시대가 도래했다. 스콧 갤러웨이(Scott Galloway)교수가 쓴 <플랫폼 제국의 미래>[2]를 보면, 우리가 어떠한 문명 가운데 살고 있으며, 인류가 어떻게 변화하고 있는지에 대해 잘 설명하고 있다. 스마트폰을 신체의 일부처럼 사용하고, 인간관계는 SNS로 관리하는 세대. 지식은 암기가 아닌 검색으로 인지하며, 글이 아닌 동영상으로 배우는 것이 익숙한 포노족의 디지털 문명사회. 이것은 미래의 이야기가 아닌 이미 우리가 마주하고 있는 세상이다. 스마트폰의 출현으로 손 안의 인터넷 세상이 열렸고, 밀레니얼 세대[3]는 시공간의 제약 없이 소통하고 정보의 검색과 습득이 매우 빠르다. 예컨대 이 새로운 세대는 특별한 경우가 아니면 은행에 가지 않고, 더 이상 종이 신문을 읽지 않는다. 월드스타인 가수 싸이(PSY)와 BTS는 그들의 음악을 알리기 위해 미국에 가지 않았고, 단지 유튜브에 뮤직비디오를 올렸을 뿐인데 빌보

---

1) '포노 사피엔스(phono sapiens)': '스마트폰(smartphone)'과 '호모 사피엔스(homo sapiens: 인류)'의 합성어로, 휴대폰을 신체의 일부처럼 사용하는 새로운 세대를 뜻하는 신조어

2) Scott Galloway(2018): The Four: The Hidden DNA of Amazon, Apple, Facebook, and Google

3) 밀레니얼 세대(Millennial Generation): 1980년대 초-2000년대 초에 출생하여 어려서부터 인터넷 등의 정보기술(IT)에 능통한 세대를 일컬음

드 챠트를 단숨에 점령하며 미국을 비롯한 전세계에 K-pop의 가능성을 알렸다. 온라인 플랫폼을 경유한 '문화의 물결'은 영화, 드라마, 음식, 뷰티, 패션, IT등의 영역에서부터 교육 콘텐츠 분야에 이르기까지 놀랍도록 빠르게 퍼져나갔다.

이 모든 변화가 스마트폰이 탄생한 후 10여년 만에 벌어진 일이다. 누구도 변화를 강요하거나 일부러 교육하지 않았지만 스마트폰과 인터넷을 기반으로 한 밀레니얼 세대는 디지털 문명사회를 빠르게 구성했고 대다수의 밀레니얼 세대들에게 지식은 곧 검색이며, 책 속의 글보다는 화면 속 기호가 더 빠르고 익숙하다. '백문이 불여일견(百聞不如一見)'이라고, 글로는 설명하기 힘든 수많은 지식과 방법들이 각종 사진과 동영상을 통해 훨씬 더 쉽고 다양한 방법으로 소개되고 있으니 이러한 변화는 어쩌면 너무나 당연한 일일 것이다.

그렇다면 이 디지털 문명사회의 구성원들에게 우리의 학교 교육은 어떻게 발맞추어 왔는가?

안타깝게도 우리의 교육 현장은 이 '스마트한 세대'의 학습방식과 혁신적인 변화를 미처 따라가지 못하고 있는 것이 현실이다. 새로운 방식의 과제를 요구하기도 하지만 여전히 오래된 방식으로 가르치고 입력한다. 이것은 한국의 젊은 학생들이 직면한 문제일 뿐만 아니라 외국인 학습자들에게도 마찬가지여서 그들이 교실에서 제2의 언어와 문화를 익혀서 그들의 머릿속에 입력하는 과정은 아직도 너무 진부하다. '읽고 쓰는 소통 능력'을 뜻하는 리터러시(LIteracy)는 디지털 문명사회에서 '멀티리터러시(Multi-literacy)⁴⁾'

---

4) 멀티리터러시(Multi-literacy): 다양한 매체 기술을 통해 중층적으로 결합되고 매개되는 다양한

라고 하는 새로운 개념의 '뉴 리터러시(New-literacy)'로 진화되었고, 각자 다른 문화와 환경에서 왔으나 역시 밀레니얼 세대인 외국인 학습자들은 새로운 언어와 문화를 습득하기 위한 과정에서 그들의 기대에 걸맞은 새로운 방식의 입력체계를 요구하고 있다. 이것이 멀티리터러시 교육을 이해하고 효율적인 교육과정을 담은 프로그램의 개발이 필요한 이유라고 하겠다.

실제로 한국어를 배우고자 하는 사람의 수는 전 세계적으로 매년 증가하고 있고, 더 적극적으로 한국어와 문화를 배우기 위해, 그리고 한국의 대학에서 학위과정을 이수하기 위해 국내로 유학을 오는 외국인의 규모도 꾸준히 증가해 왔다. 실제로 2014년까지 8만 명 수준을 유지하다가 2015년부터 급증하기 시작한 국내 외국인 유학생의 수는 2018년 기준 14만 명을 기록하였으며5), 2019년에는 16만 명을 넘어섰다6). 이는 한국의 경제, 외교, 사회적 영향력이 글로벌 수준으로 확장되었기 때문임은 물론이고, 앞서 언급한 바와 같이 싸이, BTS등이 쏘아올린 디지털 콘텐츠가 유튜브 플랫폼 등을 통해 전세계로 뻗어나간 문화의 물결. 이른바 '한류'로 일컬어진 K-콘텐츠의 영향이 크다고 하지 않을 수 없다. 국가 경쟁력 제고와 우리의 위대한 문화유산인 한국어의 저변확대라는 거시적인 측면에서도 이는 반가운 일이며, 국가 산업 전반에 미치는 파급효과를 고려하더라도 우리에게 이 시기는 또 다른 도약의 기회이기도 하다. 이러한 한국어 학습 열풍을 이어가기 위한 새로운 내용과 방법에

언어와 문화, 그리고 사회적 담론을 통한 복합적 의미의 생성과 협상 능력을 중심으로 한 소통 능력(The New London Group, 1996).

5) 통계청, 2018 http://www.kosis.kr/wnsearch/totalSearch.jsp

6) 교육통계서비스 http://www.kess.kedi.re.kr, 2019년 4월 기준

대한 연구와 실효적 논의가 필요한 이유이다.

외국인 학습자의 경우, 한국어를 제2언어로 배울 때 한국어 환경에의 지속적인 노출은 학습 효과를 높이는 데 매우 중요한 전제 조건이다. 한국어 환경에 노출된다는 것은 단순한 텍스트(Text)를 넘어 콘텍스트(Context), 즉 맥락적 상황의 체험을 의미하기 때문이다. 실제로 학습자들이 외국어 학습과정에서 TV 드라마와 같은 영상 매체를 통해 언어를 학습하는 경우7)가 많아졌다는 점은 매체언어8)의 교육적 활용성에 관심을 갖게 하는 이유이다. 이러한 관점은 한류 미디어 매체를 활용한 한국어 교육이 외국인 학생들에게 흥미와 동기부여의 대안9)이 될 수 있다는 기대로 이어진다.10) 한국어 교육의 효율성뿐만 아니라 학습자의 동기와 흥미, 태도 등 학습의 지속성을 담보하는 정의적 측면까지 고려한다면 더 이상 한국어 교육 내용을 문자 텍스트에 한정할 필요가 없다. 오히려 텔레비전, 영

---

7) 2018년 9월에 UN총회에서 유창한 영어로 연설을 해서 화제가 된 세계적인 K-pop 그룹 '방탄소년단(BTS)'의 리더 김남준(RM)의 영어 실력이 미국 드라마 'Friends'를 보면서 배운 독학의 결과라는 인터뷰 내용(2018년 9월 25일, 연합뉴스)은 이러한 사실을 증명하는 하나의 사례이다.

8) 매체언어(Media Language): 뉴미디어의 등장으로 변화된 소통 방식으로 말과 글에 이어 영상까지도 언어의 한 부분이 되었음을 나타내는 표현. 소통방식은 면대면 상호작용, 매개된 상호작용, 매개된 유사 상호작용으로 구분되며 이것은 또다시 면대면 소통, 매개된 소통, 대량 소통으로 구분할 수 있다. 면대면 소통 과정에는 어떠한 매체도 필요 없고, 목소리와 표정, 몸짓 등을 통해 의미를 주고받는다. 종이에 글을 쓰거나 그림을 그리는 등 간접적인 방식은 매체된 소통이다. 대량 소통을 위해서는 기술매체의 힘이 필요하며 책, 신문, 잡지, 라디오, 텔레비전 등은 메시지를 한꺼번에 많은 사람들에게 동시에 전달할 수 있게 해 주는 기술의 발전에 의해 가능해졌다(이채연, 2015).

9) 조항록은 전문가 포럼 '중국·태국 유학생 유치 전략과 한국 정부기관의 유학생 유치정책(2015)'에서 최근 중국 유학생들이 감소한 원인을 "한국 유학의 선순환 구조가 확립되지 않았다는 현실에 있다"라고 주장했다. 그는 교육 현장의 3대 요소로 교사, 교재, 교수법 등을 제시하며, "한국어 교육은 바로 교사가 키를 쥐고 있다. 중국 유학생들을 효율적으로 가르칠 수 있는 교사들이 부족한 게 현실이며 유학생 유치에 급급하기보다는 이들을 제대로 가르칠 수 있는 교수법에 대해 심각하게 고민해야 할 시점이다"라고 강조했다.

10) 한류가 확대되는 것은 한국어의 세계화와도 밀접한 관련이 있는데, 한국인 학습자가 영어를 배울 때 팝송, 할리우드 영화, 미국 드라마를 통해 서양 문화를 더 잘 알고 즐기기 위해서 더 높은 수준의 영어 실력이 필요한 것과 마찬가지로 언어와 문화에 대한 관심은 선순환 구조를 갖게 되기 때문이다.

화, 광고, 유튜브 플랫폼 등 음성과 영상이 결합된 다양한 대중매체를 교육 내용으로 활용하는 적극적인 방안에 대한 고민이 필요한 시점인 것이다.

이러한 지적은 한류 열풍으로 인한 외국인의 한국어 학습 관심이 본격화되기 전부터 제기되어 온 것이기도 하다. 이러한 문제 제기와 함께, 현실이 된 제2언어로서 한국어 학습 열풍은 한국어 학습의 효과와 효율을 높이고 보다 실효적인 학습 내용과 방법은 무엇인지에 대한 다양한 담론으로 이어지고 있다. 실제로, 오랫동안 지식 보전의 주도적 역할을 담당하며 언어 학습의 근간적 위치를 점해 왔던 문자는 텔레비전, 컴퓨터, 스마트폰을 통한 멀티미디어의 등장과 함께 언어 학습에서의 절대적 지위를 잃게 되었다. 이러한 언어 학습 환경 변화에 부응하기 위해서는 문자 중심의 전통적 한국어 교육 전략에도 혁신적인 변화가 필요하다. 다시 말해, 의사소통의 실천적 속성을 반영한 언어 교육 요구의 충족을 위해 다양한 매체의 폭넓은 활용을 적극적으로 검토할 필요가 있는 것이다.

상대와 의사소통을 한다는 것은 단순히 단어의 조합을 문법에 맞게 주고받는 차원을 넘어, 공유하고 있는 상황과 환경에 대해 조율하고 합의해 나가는 맥락적 과정이다. 언어 교육이 궁극적으로 지향하는 실천성을 담보하기 위해서는 결국 실제에 가까운 교육이 필요하다. 한국인의 일상적 삶을 자연스럽게 재현하는 실용적인 한국어 교육을 위해서 다양한 매체 활용 방안에 대한 논의가 반드시 필요한 이유이기도 하다. 디지털 기기의 비약적인 발전과 보급의 가속화는 교육과정을 다양화할 수 있는 매개체가 되고 있으며, 매체 환경의 급격한 변화는 전통적인 언어 학습의 방식에도 변화를 가져오고 있다. 이는 '다중 문식성(multi-literacy)'이라고 하는, 다매체 상황에서 학습자의 언어적 감수성과 문식성 문제가 한국어 교육의 중요한 화두로 부각되고 있다는 점에서도 그 중요성을 짐작할 수 있다.

멀티리터러시는 이미지와 영상, 청각 정보 등 다양한 양식을 통한 복합적인 의미 생성 방식에 주목한다. 또한, 거기에 함께 작용하는 소통 채널과 미디어의 복합성, 문화와 언어의 다양성, 사회적 담론에 대한 이해를 통해 일상생활 속에서 일어나는 다양한 의미 작용에 능동적이고 비판적으로 참여할 수 있는 능력이다. 즉, 멀티리터러시는 현대적 일상을 살아가는 데 필요한 소통 능력의 총체로 요약할 수 있다.

멀티리터러시 교육11)이 학습자로 하여금, 말과 글의 자연스러운 결합, 다양한 텍스트 사이의 상호 연결, 그리고 그것을 통해 이루어지는 인식의 확대와 문화 이해에 따른 자연스러운 사회 참여 능력으로 이어질 수 있도록 구성되어야 한다는 것은 바로 이러한 정의를 함의한 것이다. 멀티리터러시가 언어 교육에 제시하는 확장된 언어 재현의 시사점으로 인하여 국내에서도 다양한 논의가 이어져 왔다.

국내 멀티리터러시와 관련된 논의의 경우 2000년 전후에 시작된 관련 이론의 개념적 소개와 적용 가능성에 대한 연구(한정선,

---

11) Cope & Kalantzis(2000)에 의하면, '멀티리터러시(multi-literacy)'는 크게 두 가지 측면, ① 커뮤니케이션 매체와 양식의 다변화라는 국면과 ② 문화적이고 언어적인 다양성의 증가라는 국면에서 교육학적인 의미를 지닌다. 먼저 매체의 다변화라는 측면에서 본다면 멀티리터러시는 단일한 매체 언어로 구성된 텍스트를 이해하는 전통적인 리터러시(mere-literacy)를 넘어서, 보다 확장된 언어 재현의 양상에 주목하는 경향과 관련된다. 이 경우, 멀티리터러시 교육은 학생들로 하여금 변화한 매체 환경에서 만나게 되는 복합 매체 텍스트를 정확하게 이해할 수 있도록 문식능력을 길러주는 데 그 목표를 두게 된다(공성수·김경수, 2017: 15).

2000a, 2000b; 안정임, 2002)를 거쳐 최근까지 멀티리터러시 향상 교육, 외국인 적용 사례, 다차원적 활용성(공성수·김경수, 2017; 민춘기, 2018; 박주연·최숙·반옥숙·신선경, 2017; 손미란, 2019) 등 다양한 쟁점에 대한 논의가 이루어지고 있다.

앞서 기술한 바와 같이 외국인 학습자의 한국어 학습은 단순히 텍스트적 이해를 넘어 콘텍스트의 관점에서 접근할 필요가 있으며, 이를 통해 한국어가 사용되는 환경과 상황 및 맥락의 경험을 제공할 필요성에 동의한다면, 멀티리터러시를 구현하는 한국어 교육의 구체적 방안을 고민할 필요가 있다. 변화된 언어 학습 환경에서 미디어 매체를 활용한 멀티리터러시 능력 향상에 초점을 맞춘 한국어 교육 실천 전략은 제2언어 학습 시장에서의 한국어 교육 경쟁력 제고의 관점에서도 반드시 필요한 일임에 틀림없다. 하지만 아직까지 멀티리터러시 향상을 위한 외국인 학습자의 한국어 교육과정 및 적용 방법으로서의 프로그램 구성과 실천에 대한 논의는 양적·질적으로 매우 부족한 실정이다.

따라서 이 책에서는 멀티리터러시 교육이 왜 필요한가에 대해 이야기하고, 실제로 외국인 학습자의 한국어 멀티리터러시 향상을 위한 교육 목표와 내용 및 운영 절차를 담는 프로그램을 제안한 후 이를 적용하여 효과를 확인하여 한국어 교육의 새로운 방향성에 대해 논하고자 한다. 특히, 본 연구는 국내외에 잘 알려진 TV 드라마의 장면과 서사를 활용하여 외국인 학생들로 하여금 변화하는 매체 환경에서 만나게 되는 복합 매체 텍스트를 보다 쉽게 이해할 수 있도록 안내하는 구조적 틀을 제시한다는 데 특징이 있다. 또한 이 시도의 결과는 외국인을 대상으로 하는 한국어와 문화 교육 콘텐츠

확장과 개발을 위한 실효적 정보를 담고 있을 뿐 아니라, 관련 연구의 기초 자료로서도 가치가 있을 것으로 기대된다.

2. 언어·문화 교육에서의 새로운 시도들

첨단 과학이 주도하는 현대사회의 특성과 학습자의 선택이 중요시되고 있는 교육 현장의 상황은 획일성, 동일성으로 인식되던 기존의 전통적 교육방법에 대하여 변화된 사회에 걸맞은 새로운 패러다임을 요구하고 있으며, 이를 위하여 한국어 교육에서도 새로운 사회 환경에 맞는 학습 경험을 제공해 주어야 한다.

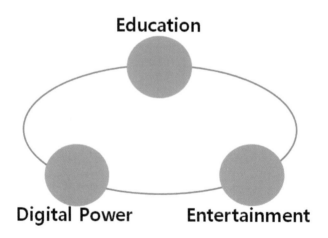

〈그림 1〉 Education, Entertainment & Digital power

최근에는 Education과 Entertainment를 합성한 Edutainment[12]라는 새로운 용어까지 등장하였는데, 더구나 폭발적으로 발전하고 있는 Digital power의 도움으로 이러한 Edutainment적인 요소를 가진 프로그램들이 다양하게 소개되고 있다.

Heinich[13]에 의하면 인간은 자신이 읽은 것의 10%, 들은 것의 20%, 본 것의 30%, 듣고 본 것의 50%, 소리 내어 읽은 것의 70%, 보고 듣고 행동으로 옮긴 것의 90% 정도를 기억한다고 한다. 이러한 사실은 학습자의 학습 효율성이라는 측면에서 멀티미디어와 같은 다양한 매체 활용의 필요성을 간접적으로 시사하는 것이라 할 수 있다. 다시 말해, 교사 중심의 전통적 학습의 한계를 벗어나 멀티미디어의 효율적 활용을 통한 다양한 언어, 문화적 정보를 복합적으로 제시할 수 있다는 것이다. 구체적으로 디지털 미디어 시대에 문자 언어 중심의 리터러시 교육이 가진 한계를 인지하고, 실제적 자료인 드라마 또는 다양한 영상 매체를 어떻게 한국어와 문화교육의 도구로 사용할 것인가에 대한 실마리를 찾아보기로 한다.

1) 매체 활용 한국어 · 문화 교육

1990년대 후반 21세기 한국어 교육의 발전과 과제를 주제로 웹기반 한국어 교육과 교재 개발에 대한 쟁점들을 언급한 연구로 지현숙 · 최원상(1999), 김민성(2001), 박건숙(2003), 방성원(2005) 등

---

12) Edutainment: 교육(education)과 오락(entertainment)의 합성어로서, 게임과 같은 오락성, 즉 도전성, 몰입성, 모험성 등의 속성을 학습 활동에 재미 요소로 부가하여 학습동기를 강화하고 학습효과를 높이려는 새로운 교육 형태를 의미한다. 교육에 오락적 요소를 가미할 경우 '재미'를 통해 즐거움과 유쾌함을 안겨 주고, '놀이'라는 특성으로 인해 학습에 열중할 수 있게 된다는 유용성이 있다. 한국기업교육학회(2010).

13) Heinich, R., Molenda, M., Russell, J. D., & Smaldindo, S. E.(1996).

이 있다. 김민성(2001)은 교육 전문 웹 사이트의 운영 사례를 바탕으로 과정 중심 웹 기반 한국어 쓰기 교육의 활용에 대해 연구했다. 이는 비교적 초기에 인터넷 매체를 기반으로 한국어 교육을 시도였다는 데 의의가 있다. 박건숙(2003)은 국내 웹 기반의 한국어 교육 사이트(국제교육진흥원, 문화관광부, 서강대학교, 재외동포재단)를 대상으로 각각의 사이트의 구성과 운영 실태를 비교, 분석하고 웹 기반 교육의 필요성과 발전 방향을 논의했다. 방성원(2005)은 외국인 학습자를 위한 웹 기반으로 듣기, 읽기, 쓰기, 말하기 영역과 한국 문화 통합 교육 방안을 의사소통 능력의 향상을 중심으로 구상했다. 언어 교육의 목표를 문법적으로 완전한 언어 능력이 아닌 실제 생활에서 얼마나 자연스러운 언어를 구사할 수 있는가에 두고 이문화(異文化) 간 의사소통 능력을 갖추도록 하기 위하여 웹을 사용한 수업의 필요성과 프로그램의 구성 및 이론에 대하여 논의하였으나 실제 적용을 하여 그 효과를 확인하지는 못했다.

2000년대에 들어서며 인터넷의 급속한 발달과 보급에 따라 한국어 교육에도 새로운 학습자 유형에 따른 웹 기반 연구가 활발하게 이루어지기 시작하였고, 이는 개인용 정보 단말기(PDA: Personal Digital Assistants)와 같은 휴대형 컴퓨터로 이어지다가 2007년 애플사의 아이폰이 등장한 이후 국내에서는 2009년부터 스마트폰의 보급이 본격화되기 시작했다. 2013년에는 국내 스마트폰 사용자가 3,300만 명[14]을 넘어서며 스마트폰의 대중화가 이루어졌고 이에 따라 웹 기반 연구는 모바일 애플리케이션을 활용한 연구로 활발하게 이어졌다.

---

14) 통계청(2013): "스마트폰 의존 실태조사" www.kosis.co.kr

채호석(2006)은 인터넷과 디지털 매체 등이 젊은 세대의 매체 환경을 완전히 변화시켜 놓았으며, 멀티미디어와 대중매체에 길들여진 현 세대의 사유는 '글'에 익숙한 이전 세대와는 다르기 때문에 시대의 변화에 따라 DVD 또는 웹 기반 학습 등의 매체를 활용한 새로운 방식의 교과서 도입의 필요성을 제안했다.

모바일 세대[15]라는 말이 등장하며 국내에서도 주요 한국어 학습자 층인 10대 후반에서 20대 초반의 학습자들을 대상으로 모바일 애플리케이션을 활용한 한국어 교육에 대한 연구들(박유진, 2012; 이은애, 2012; 심윤진, 2013; 박진철, 2013)이 활발해졌다. 박유진 (2012)은 한국어 교육에서 모바일 앱과 소셜 미디어의 역할과 활용 사례에 대하여 분석하였는데, 학습자들이 활용하는 모바일 앱과 소셜 미디어의 콘텐츠의 전문성과 적합성이 확보되지 않고 있는 점을 아쉬움으로 지적했다. 심윤진(2013)은 모바일 게임 앱의 활용이 한국어 어휘 학습에 미치는 영향에 대하여 연구하였는데 연구자는 이 연구에서 모바일 게임 앱이 어휘 학습에 얼마나 효과가 있었는지를 확인함과 동시에 모바일 애플리케이션의 교육적 활용 가능성을 진단했다. 박진철(2013)은 모바일 기반의 한글 자모 학습용 애플리케이션 설계 및 구현에 대하여 연구했다. 이 연구에서는 스마트폰, PDA, 태블릿 PC와 같은 모바일 기기를 이용하여 한국어를 처음 시작하는 학습자들을 위한 한글 자모 교육 방안을 구상했다. 이와 같은 연구들을 시작으로 세종학당재단에서는 2017년부터 한국어

---

15) 모바일 세대(M-Generation): 미국의 사회학자 돈 탭스콧(Don Tapscott)은 저서 "디지털의 성장 -넷세대의 등장"에서 'M-Generation'이라는 용어를 처음 사용하였으며, 책보다는 인터넷, 편지보다는 이메일, 텔레비전보다는 컴퓨터에 익숙하고 강한 독립심과 자유로운 사고로 규정지어진다(Tapscott, 2016).

학습자를 위한 어휘 학습 애플리케이션을 개발, 구글·애플 앱스토어를 통해 무료 배포하였는데 이는 인터넷 환경이 열악한 국가에서도 스마트폰 사용이 일반화되고 있는 현실에 기초한 지원이라고 볼 수 있다.

김재욱(2014)은 해외 한국어 교육 현장에서 활용할 수 있는 한국어 부교재로서 멀티미디어 교재를 제시했다. 특히 새롭게 한국어 교육이 시작되는 국가나 지역에서 효과적으로 사용될 수 있는 멀티미디어 교재로서 크게 소리와 이미지, 그리고 이들의 통합체인 영화로 구분하여 이러한 자료를 수업의 단계, 기능, 내용에 맞추어 어떻게 쓰일 수 있는지에 대하여 연구했다.

2000년 이후 이전에 볼 수 없었던 무선 네트워크 기반 기술이 시장 경쟁력을 갖추기 시작하면서 모바일 러닝 프로그램 콘텐츠 개발과 이를 활용한 교수·학습 관련 연구들이 시도되기 시작했다. 이러한 연구들(강효승, 2014; 유승원, 2012)은 모바일 러닝 프로그램 콘텐츠의 활용 방안과 효율적 한국어 교육 교재로서의 가능성을 제시하였으며 앞으로 확장될 학습 영역에 대해서 제언했다. 유승원(2012)은 멀티미디어 활용 한국어 교육 자료 개발에 시각 콘텐츠 활용 방안을 제시하였는데, 효율적인 한국어 교육을 위한 새로운 시도로써 매체 교육에 시각 콘텐츠를 활용하는 방안을 모색했다는 데 의의가 있다. 강효승(2014)은 시간과 공간의 제약을 극복하고 다양한 상호작용 활동이 가능한 한국어 회화 콘텐츠 및 프로그램 설계 방안을 제시했다. 이러한 프로그램은 모바일을 기반으로 하기 때문에 교실 수업 외에 학습자 스스로 자기 주도 학습을 할 수 있다는 장점이 있다. 이 연구에서는 이와 같은 학습자의 요구에 부합하는 실제적인 과제로 구성된 한국어 회화 콘텐츠를 설계하는 것과, 이를 바탕으로 학습의 흥미를 유발하고 이를 지속시킬 수 있는 전략으로 Keller(1999)의 ARCS 이론16) 모형을 적용한 모바일 기반의 한국어 회화 프로그램을 설계했다.

무선 네트워크 기반 기술의 발전과 함께 소셜 미디어의 발전은 온라인에서의 사회적 활동을 촉진시켜 주면서 빠른 시간 안에 확산되었다. 이러한 변화 가운데 소셜 미디어17)와 모바일 한국어 교육에서의 소셜 미디어의 활용 사례와 모바일 러닝을 적용한 외국어 교육의 사례를 각각 제시한 연구들(박유진, 2012; 홍은실, 2014; 최미나, 2013; 윤소화, 2015)이 시도되었다. 홍은실(2014)은 2014년 연구에서 스마트 교육과 스마트 러닝(Smart Learning)을 분리해 개념을 재정립하였는데, e-러닝, 모바일 러닝 등과 대등한 지위에 있는 학습 형태로 '스마트 기기나 인프라를 활용한 학습 방법'을 '스마트 러닝'으로 정의했다. 박유진(2012)은 이 연구에 이은 후속 연구로서 '한국어 교육 모바일 앱과 소셜 미디어 콘텐츠의 효과적인 발전을 위해 콘텐츠 제공자의 전문성 확보'와 '해당 콘텐츠의 이용자들과 한국어 학습자들을 대상으로 한 이용도 조사와 요구 분석의

---

16) Keller(1999)의 ARCS 수업 이론은 학습을 촉진하기 위하여 학습자의 학습에 대한 동기유발과 유지 전략이 우선되어야 함을 강조하여 제안한 학습 동기화 전략. 수업설계의 미시적 이론으로서, 수업의 세 가지 결과변인인 효과성, 효율성, 매력성 중에서 특히 매력성과 관련하여 학습자의 동기를 유발하고, 유지시키는 각종 전략들을 제공하고 있다. Keller(1999)는 학습동기를 유발하고 유지시키기 위하여 가장 중요한 변인들을 4가지로 지적하고 있는데 주의(attention), 관련성(relevance), 자신감(confidence), 그리고 만족감(satisfaction)이 그것이다. ARCS 이론이라고 명명된 것도 Keller(1999)가 세 가지 수업의 결과변인들 중 매력성을 가장 중요한 변인으로 강조하고 있음을 나타낸다. Keller는 교수의 효과가 동기와 밀접하게 관련되어 있다는 여러 연구들과 주장들을 인용하면서 교수의 결과를 극대화하기 위해서는 학습동기에 관한 체계적이고 구체적인 접근 방식이 필요하다고 주장하고 있다.

17) 소셜 미디어는 트위터(twitter), 페이스북(facebook)과 같은 소셜 네트워킹 서비스(SNS: Social Networking Service)에 가입한 이용자들이 서로 정보와 의견을 공유하면서 대인관계망을 넓힐 수 있는 플랫폼을 가리킨다(이인희, 2013).

필요성'을 주장했다.

최미나(2013), 윤소화(2015)는 첨단 정보통신 기술과 인터넷의 발달로 인한 디지털 환경의 결합이 앞으로의 교육 방식에 어떤 변화를 가져오게 될 것인지에 대해 인식하고, 이러한 디지털 환경이 교육과 어떻게 접목될 수 있는지, 멀티미디어의 활용으로 어떻게 더욱 효과적이고 효율적인 교육 콘텐츠를 만들 수 있는지에 대한 다양한 방안들을 모색했다. 윤소화(2015)는 독학용 애플리케이션의 구성 방안 연구를 통해 교사와 교재를 구하기가 어려운 환경의 학습자들, 특히 해외에서 한국어를 공부하고자 하는 독학 학습자들을 위한 방안으로 스마트폰 애플리케이션을 통한 학습 방법을 제안하였는데, 접근성이 높은 모바일 기기를 도구로 혼자서 공부할 수 있는 애플리케이션을 개발하기 위한 방안을 제시했다. 이 외에도 방성원(2005), 최은규·장은아·남수경·채숙희(2006), 정명숙·이유경·김지혜(2009) 등이 한국어 웹 교재 개발 방안 및 구성의 실제를 제시하였으나 그 프로그램을 적용하여 실제적 효과를 객관적으로 검증하는 것은 향후 과제로 남겼다.

세종학당은 디지털 교육 자료관[18]을 통해 한국어 교육에서 활용 가능한 멀티미디어 자료를 제공하고 있으며 동영상, 사진, 그림 자료들을 내려받을 수 있다. 교수자는 주제에 따라 직장생활, 학교생

---

18) 누리세종학당 디지털 교육 자료관에서는-한국어 학습을 위한 온라인 강의와 방송 강의, 한국어 방송 강의, 아리랑TV: 듣기·말하기 영역의 방송 강의, EBS: 어휘·말하기·문법 영역의 방송 강의, KBS: 한류 방송 콘텐츠를 매개로 한국어와 한국 문화 영역의 방송 강의, 기타 방송: 유튜브 등 한국어 관련 다양한 영상, 쉬운 한국어·한국어 한마디, 간단 문법, 발음을 통해 실생활에서 활용할 수 있는 학습 자료, 재미있는 한국어-가요, 동요, 스무고개, 동화 콘텐츠로 한국어를 학습할 수 있는 자료, 한국어 학습을 위한 각종 교재 및 멀티미디어 자료, 한국 문화 관련 각종 시청각 자료, 한국의 전통문화와 대중문화, 한국인의 생활, 한국의 여행지 등 사진 자료, 한국의 전통문화와 지역 관광, 음식 등 영상 자료, 코리아넷(KOREA.NET)과 연계한 정기 간행물 등을 제공하고 있다.
http://www.sejonghakdang.org/

활, 장소기관, 통신매체 등으로 검색하여 자료를 활용할 수 있도록 하여 학습자가 동영상을 보며 이해하기 쉽게 자료를 구성하여 제공하고 있다.

사실, 영상 중심의 텍스트가 정보를 전달하는 방식은 문자 텍스트와는 전혀 다르다. 문자 텍스트는 직선적·연쇄적인 시간의 질서 속에서 내용을 전달하지만, 이미지 텍스트는 시간과 공간을 하나의 평면에 펼쳐 놓고 그 안에 사건의 정보를 입체적으로 배열하기 때문이다.[19] 화면의 편집이 자유로운 동영상 텍스트의 경우에는 더욱 그렇다. 이제는 정보를 전달하고 이해하는 능력을 가르치는 방식에도 새로운 방법과 기술이 필요하며, 그래서 우리는 멀티리터러시 교육 방안에 주목할 필요가 있는 것이다. 오늘날의 학습자들에게는 그들이 정보를 습득하는 방식에서 '활자'가 아닌 '영상'이나 '이미지'가 더욱 중요한 요소로 활용되고 있기 때문이다.

2) 문화 콘텐츠 활용 한국어 교육

지금까지의 연구들은 한류 현상으로 인하여 한국어 학습자가 증가되고 있다는 사실을 전제로 하면서도 한국 문화에 대한 관심을 어떻게 한국어 교육으로 연결할 수 있을지, 또는 한류 현상이 한국어의 보급이나 교육에 어떠한 의미를 지니는지에 대한 구체적인 방법에 대해서는 활발한 논의가 이루어지지 못했다. 따라서 한류의 현상과 흐름을 어떻게 한국어의 저변 확대로 이어지게 할 것인지,

---

19) 공성수·김경수(2017)는 문자에 기반을 둔 쓰기와 읽기의 방식에 대하여 '인간이 활용할 수 있는 수많은 선택 가능한 언어적 소통 방식 중의 하나일 뿐이며, 그럼에도 불구하고 근대의 의사소통 체계에서 문자와 좋이는 텍스트를 구성하는 가장 핵심적인 매체로서의 지위를 유지하고 있다고 했다. 결과적으로 문자를 통한 의사소통은 다른 모든 언어활동을 압도해 나갔을 뿐 아니라, 사람들의 사고방식마저도 그에 맞도록 변화시켜 나갔다고 밝히고 있다.

그리고 한류를 어떻게 문화 산업의 발전과 더불어 한국어 교육의 도구로서 활용할 것인지에 대하여 여러 가지 담론들을 살펴볼 필요가 있다.

한류의 확산과 함께 중국에서 시작된 한류 현상에 대하여 분석하고 한국과 중국의 문화 교류 측면에서 한국어 교육의 발전 방향을 고찰한 연구로 최미정(2002), 전오경(2004), 이병환(2005) 등이 있다. 전오경(2004)은 중국에 진출한 한국의 대중음악을 중심으로 한류와 그 지속 가능성에 관한 연구를 하였는데 이는 본격적인 한류에 대한 연구의 시작이었다는 점에서 시사점이 있다. 이병환(2005)은 한류 현상의 실체를 보다 현실적으로 규명하기 위하여 한국어를 전공하는 현지 중국 대학생과 한국에 체류하고 있는 중국 유학생들을 대상으로 하여 중국 대학생들의 한류 인식 실태와 그 의미에 대하여 조사했다. 연구자는 2000년대 이후 중국에서 K-pop과 드라마 등을 통하여 한류 열풍이 이어지면서 한류 콘텐츠를 활용한 한국어와 한국 문화 교육 연구도 활발해지고 있음을 밝히며 한류의 지속 가능성과 한국 문화 산업의 경제적 효과에 대하여 논의했다.

2000년대 초반 동남아시아 전역에서 널리 인기를 누리게 된 한류가 북남미와 유럽 지역으로 확산되며 이를 한국어 세계화의 호기로 인식하여 한류 문화 콘텐츠를 활용한 한국어 학습 지원 정책에 대한 연구(오문경, 2013; 최희진, 2012)가 이어졌다. 오문경(2013)은 한류 콘텐츠를 향유는 하지만 아직 한국어를 학습하지는 않고 있는 '한류 기반 잠재적 학습자'와 '배우고자 하는 외국인과 재외동포'[20]를 정책 대상으로 확장하여 한류 콘텐츠를 활용한 「한국어

---

20) '배우고자 하는 외국인'은 한국으로 이주할(수 있는) '예비 외국인 근로자, 예비 결혼이민자,

학습 지원」 정책을 제안했다. 연구자는 문화의 힘이 국가 경쟁력과 직결되며, 한류 열풍을 한국어 교육 확산의 기회로 인식하고 적극적인 관련 정책이 필요함을 주장했다. 최희진(2012)은 문화 콘텐츠를 활용한 언어 교육의 정책 개발에 대하여 모색한 사례로서 프랑스의 국외 자국어 교육 정책을 분석하였는데, 문화 콘텐츠의 전파가 활발하게 진행 중인 한국의 상황에서 이러한 앞선 정책 사례를 통하여 국내외의 한국어 학습 수요 창출을 위한 정책 개발을 모색하는 데 의의를 두었다.

본격적인 영상 미디어 시대를 맞이하며 한국어 교육에서도 미디어 매체 활용의 필요성을 강조하여 영상 미디어 가운데 '영화'를 통한 한국어 교육의 모형을 제시한 연구(김경지, 2001; 유경수, 2011; 최정순・송임섭, 2012; 조영미, 2012)들이 활발하게 진행되었다. 김경지(2001)는 한국 영화를 활용한 교육 방법이 외국인에게 한국어와 한국 문화를 동시에 이해하는 데 도움을 줄 수 있다고 주장하였으나 연구에서 그 상관관계를 뚜렷이 밝히지는 못했다. 유경수(2011)와 최정순・송임섭(2012)은 각각 한국 영화 〈아내가 결혼했다〉와 〈공동 경비 구역 JSA〉(2000)를 미디어 텍스트로 삼아서 한국어와 문화 교육의 방안을 제시하였는데, 이 연구들은 이전의 한국어 교육에서 문화 교육은 언어 교육을 위한 도구에 지나지 않아 왔으며 그 내용 면에서도 일상생활 문화 및 전통문화에 편중되어 있었다는 점을 지적하는 점에서 공통점이 있다. 최정순・송임섭

예비 유학생, 해외 진출 한국 기업 취업자 혹은 취업 희망자'에 해당되며, 한국어 국외 보급은 현지에서 한국어를 배울 수 있는 기회를 제공하여 한국 생활의 가장 기본적인 언어 능력을 갖추게 함으로써 '인간 안전 보장'과 '학습권 보장'에 기여하는 것을 목적으로 한다(오문경, 2013: 3).

(2012)은 이 연구에서 지금까지는 잘 다루어지지 않은 주제인 한국의 정치 및 역사 문화 교육에 초점을 두었다. 한국의 특수한 정치 상황은 한국인들의 언어와 문화에 내재되어 있기 때문에 이는 한국 사회를 이해하기 위해서 한국어 교육에서 반드시 다루어져야 할 부분이라고 밝히며, 영화를 활용한 교육 방안으로 '보기 전 단계', '보기 단계', '보기 후 단계'로 나누어 구체적인 활동 과제를 제시했다. 이러한 활동 과제들은 외국인 학습자들이 민감하고 어렵게 느낄 수 있는 주제인 한국의 정치와 사회 문화에 대하여 재미있게 접근할 수 있고, 한국의 현실에 대한 이해뿐만 아니라 분단의 역사가 있는 다른 나라와 비교하여 생각할 수 있는 매우 효과적인 문화 교육 방안이라고 주장했다. 영화 〈축제〉를 바탕으로 그 안에 담겨 있는 문화 내용을 구체적으로 제시하며 이를 바탕으로 중·고급 학습자를 위한 한국의 전통 장례 문화 교육 방안을 제시한 조영미 (2012)의 연구는 어학에만 집중되어 있는 한국어 교육 과정의 현실에서 매체를 활용한 한국 문화 교육 연구에 있어서 문화 교육 자료나 교육 방안을 더 구체화시키는 시도였다는 데 의의가 있다.

유경수(2011)는 학습자들의 흥미와 요구에 부합하는 미디어 활용 한국어 교육의 필요성에 대한 논의와 함께 연구의 한계점에 대하여 두 가지로 밝히고 있다. 하나는 일정 시간 이상의 한국어 교육을 받은 중급 이상의 수준을 지닌 외국인 학습자들에 한하여 학습 방법을 제시했다는 점과, 또 하나는 이러한 미디어 교재를 활용하여 실제 수업에 적용하였을 때 어떠한 효과를 거두었는지에 대한 구체적인 검증이 부족하다는 점이다. 이는 본 연구를 통해 미디어 텍스트 교재를 실제 수업에 적용하였을 때의 효과에 대해 구체적인 검증을 시도할 것이므로 후속 연구로서의 가치가 있다고 할 수 있다.

영상 미디어 매체 활용에서 영화와 함께 드라마를 활용한 한국어와 문화 교육 방안에 대한 연구가 이어졌는데, 유교 문화적 가치를 기반으로 한 드라마와 현대적 역사극 장르의 드라마를 바탕으로 한 연구로 정윤경(2001), 허진(2002), 유란(2013), 손정(2012) 등이 있다. 유란(2013)과 손정(2012)은 각각 많은 인기를 누렸던 퓨전 사극 〈성균관 스캔들〉과 〈옥탑방 왕세자〉를 바탕으로, 드라마에 담겨 있는 한국의 현대 문화와 전통문화를 분석하여 이를 토대로 한국 문화 교육의 새로운 활동 자료를 개발하는 시도를 했다. 언어문화, 생활 문화 등을 분석하여 이를 활용하여 외국인 학습자를 대상으로 드라마를 통한 교수 학습 방안을 모색하였으나 실제 수업에 적용하였을 때 어느 정도의 효과가 나타날지, 또는 어떠한 문제가 나타날지를 확인할 수 없음을 연구의 한계점으로 밝혔다.

정윤경(2001)과 허진(2002)의 연구 역시 유교 문화적 가치를 동아시아의 문화적 근접성의 주요 요인으로 설정하였는데, 정윤경(2001)은 1990년대 한국 방송 프로그램 유통의 사례 분석에서 〈전원일기〉, 〈보고 또 보고〉 등 대가족 제도 내의 가족 관계나 고부간의 갈등이 보다 비중 있게 그려지는 지역적 드라마가 〈파일럿〉, 〈마지막 승부〉와 같이 현대적인 삶을 추구하는 젊은이들의 모습에 비중을 두고 있는 탈지역적 '트렌디' 드라마에 비해 수출이 현저히 낮다는 것을 보여 주었다. 이에 대해서 지역적 드라마는 전통적인 한국적 가치에 반하여 동아시아 인접국으로의 진입조차도 힘들다고 보고, 반면 국적과 관계없이 현대인이 공감할 수 있는 보편적 정서를 그리는 탈지역적 드라마가 유통의 중심을 이룬다고 설명했다.

그러나 그렇다면 한국적 가치와 유교 문화적 근접성은 어떻게 다른가, 유교 문화적 근접성은 문화 유통의 어느 지점에서 작용하고 있는가에 대하여서는 설명하지 않았다.

영화와 드라마 콘텐츠와는 다른 성격으로, 미디어 콘텐츠 가운데 그 내용이나 스토리텔링의 효과에서 교육적 가치가 크다고 인정되는 공익광고[21]를 활용한 연구(이희복, 2005; 신문영, 2007)도 여러 분야에서 이어졌다. 이 연구들은 공익 광고의 특성에 따른 교육적 유용성에 초점을 맞춘 한국어 교실 수업 모형을 제시했다. 이들은 광고를 통한 교육에 대하여 정보의 습득과 활용뿐만 아니라 문화예술과 사회의 이해 등 다양한 지식의 습득이 포함된다고 밝히고 있다. 공익광고의 교육적 가치를 이론적으로 고찰하고, 설문 조사와 공익광고, 한국어 교재 분석을 통해 공익광고를 활용한 한국어 교육 현황과 그 방안들을 제시하였으나 다양한 한국어 학습자와 그들의 숙달도, 교실 상황에 따라 적용할 수 있는 활용 교육의 부족함은 연구의 한계로 남겼다.

이 밖에도 예능 프로그램을 활용하여 외국인 유학생들을 위한 생활 문화 가운데 한국 사회 문화 교육 방안을 모색한 연구로 임응(2012), 이정연(2019) 등이 있다. 이들은 각각 〈미녀들의 수다〉, 〈비정상회담〉 등의 예능 프로그램을 활용하여 연구를 진행하였는데, 이는 시대성에 맞춰 새로운 시각으로 한국 문화 교육을 시도했다는 점에 그 의의가 있다. 이러한 연구들은 단순히 듣기, 어휘 능력 신장뿐만이 아니라 학습자들의 관심이 집중된 예능 프로그램을

---

21) 한국방송공사에서 2013년 10월에 실시한 공익광고의 효과에 대한 평가에서 81.4%의 응답자가 광고를 통하여 사회적 태도에 긍정적 변화를 가져왔다고 응답했다.

통하여 학습자의 흥미를 고조시키고, 출연자들의 생생한 발음과 억양, 그리고 악센트 등을 그대로 학습할 수가 있으며 한국의 대학 문화, 직장 문화와 그 안에서의 한국인들의 관념과 관습까지도 자연스럽게 이해할 수 있게 한다는 장점이 있다.

백재파(2018)는 미디어 매체 가운데 웹 드라마를 중심으로 영상 매체를 활용한 한국어 교육의 효과를 연구했다. 영상 매체를 활용한 한국어 교육의 효과를 검증한 11편의 연구를 메타분석 하고 결과를 비교, 논의하여 숙달도에 따른 효과 크기를 분석한 결과 중·고급 학습자보다 초급 학습자들에게 웹 드라마를 활용한 한국어 교육의 효과가 매우 크다는 사실을 검증했다.

Hoskins & Mirus(1988)는, 한 문화에 뿌리를 두고 있고 그 환경 속에서 흥미를 끄는 특정 프로그램은 다른 지역에서 시청자들이 그 프로그램 속의 스타일, 가치, 신념, 제도, 행위 패턴 등을 공감하기 힘들어짐에 따라 소구력[22]이 감소하게 된다고 주장한다. 따라서 문화의 국제적 유통이 오락, 특히 드라마 중심으로 이루어지는 이유는 이 장르가 국가 간 경계를 넘어서면서 나타나는 문화 할인율[23]이 다른 장르들에 비해 낮기 때문이다. 반면에 정보 프로그램은 훨씬 더 문화적 특수성을 갖고 있고 따라서 할인율이 커서 국제적 유

---

22) 소구력(appealing power): 소비자의 (감성적)구매력.

23) 문화 할인율(cultural discount rate): 문화적 할인은 한 문화권의 문화 상품이 다른 문화권으로 진입할 때 언어·관습·종교 등 문화적 차이 때문에 어느 정도 가치가 떨어지는 현상을 일컫는다. 비영어권 문화 상품이나 콘텐츠가 세계 시장에서 성공하기 어려운 이유도 문화적 할인과 관련이 깊다고 할 수 있다. 영어 패권주의에 따른 언어 장벽 때문이다. 문화권 간 격차가 크지 않을 경우 다른 문화의 수용이 빠르고, 이때 '문화 할인율이 낮다'라고 표현한다. 반면에 문화권 간 격차가 클 경우 다른 문화를 수용하는 것이 어려우며, 다른 문화의 수용이 어려울수록 '할인율이 높다'라고 한다. 대체로 자연을 다룬 다큐멘터리나 스포츠·게임 등은 문화 할인율이 낮고, 그 나라의 정서를 알아야 이해가 쉬운 드라마·예능프로그램·영화 등은 문화 할인율이 높다(김환표, 2013).

통이 잘 일어나지 않는다는 것이다(손병우·양은경(2002), 태평양
장학문화재단 학술연구지원, 2002: 672). Straubarr[24](1997)의 설명
에 따르면 텔레비전의 수용자들은 일차적으로 국내 프로그램에 대
한 선호도를 갖고 있고 국내 프로그램들이 어떤 장르들에 대한 대
중들의 수요를 충족시키지 못할 때 남미 지역 내 인접 국가의 프로
그램들, 즉 미국 프로그램들에 비해 상대적으로 훨씬 더 문화적으
로 근접하거나 유사한 것들을 찾는 경향이 있다는 것이다. 여기서
문화적 근접성은 언어, 종교, 의상, 음악, 비언어적 코드, 유머 등
다양한 요소들로 언급된다. 한국 드라마가 아시아 지역에서 높은
인기를 끌기 시작한 것 역시 문화 할인율과 관련이 있다. 중국에서
드라마로 한류가 시작된 것과 국내 외국인 유학생 가운데 중국 유
학생이 절반을 차지하는 것도 문화적 근접성이 높기 때문이다. 한
류 드라마와 영화, K-pop 등 한류의 확산은 한국에 대한 관심과 한
국어 학습으로 이어져 현재 세계 각국에서 한국과 한국어를 배우고
자 하는 열기는 갈수록 뜨거워지고 있다. 한류 미디어 콘텐츠는 날
마다 새롭게 출시되어 막대한 양으로 축적되고 있으며, 이러한 문
화 콘텐츠를 한국어 문화 교육에 활용하는 것은 매우 유용하며 효
과적인 학습 방법일 것이다.

3) 외국어 교육에서의 미디어 매체 활용

외국어 교육에서 비디오 영상을 활용한 연구에 관련하여 자막이

---

24) Straubarr(1991, 1997, 2000)와 Sinclair(1996) 등은 세계 텔레비전 시장에서 브라질과 멕시코가
   텔레노벨라라는 드라마 장르를 중심으로 유럽과 남미의 프로그램 수출국으로 부상하고 그 외
   에도 인도나 대만, 홍콩 등의 새로운 수출 중심지들이 등장하는 것을 지리 언어적 또는 지리
   문화적 권역이 형성되고 있다는 것으로 본다.

제시된 영상물을 활용한 최초의 연구자는 Price(1983)이다. 그는 그의 실험에서 500명의 참가자에게 자막과 무자막으로 된 4개의 영상을 보여 준 결과, 자막으로 보여 준 집단의 참가자들의 이해력이 월등하다는 실험 결과를 얻어냈다. Grant & Starks(2001)는 TV 드라마 속에서의 대화가 광범위한 기능적인 대화체 언어를 제공해 주고, 자연 속도의 대화를 모방하며 문화적·언어적 행위를 따르게 해 준다고 주장했다. 실생활 언어의 청취 기회와 실제적 관용 표현의 이해, 실제 상황 근접성 등에서 TV 드라마를 활용한 교육 콘텐츠는 그 기대 효과가 크고 긍정적이라고 밝힌 바 있다.

TV 드라마의 언어 교육적 가치를 강조한 연구가 계속되며(Schumann, 1975; Sheerin, 1983; Richard & Schmidt, 2002) 국내에서도 미국 드라마를 활용한 영어 교육 방안에 대한 연구(노윤아, 2008; 이기정, 2009; 이자원, 2009; 김영희, 2013; 최고은, 2013)들이 이어졌다. 이기정(2009)과 이자원(2009)은 드라마를 활용한 영어 교육에서 명사를 중심으로 한 수업 모형을 제안했다. 요구 조사 결과 대학생들이 본인의 수준에 맞지 않는 회화 교재로 인하여 지루해하고 식상함을 느끼는 부분을 지적하며, 대학생들의 욕구를 충족시킬 수 있고 흥미와 관심을 끌 수 있는 내용을 포함한 교재가 필요함을 언급했다. 이러한 관점에서 미국 드라마는 대학생들의 학습 동기를 유발할 수 있는 적절한 교재가 된다고 주장하면서 미국 드라마인〈CSI:라스베가스〉를 활용한 언어 학습 모형을 제시했다. 노윤아(2008)는 미국 드라마를 활용한 언어 교육이 특히 그 사회가 갖고 있는 특유의 문화를 교육하는 데 효과적임을 강조했다. 드라마나 영화와 같이 실제적 자료가 갖는 줄거리는 개인과 개인 또는 개인과 집단 내에서의 문화적 갈등을 소재로 하는 경우가 많고, 등장인물들이 그러한 문제를 해결해 나가는 과정을 담고 있기 때문에 학생들은 이를 통해 간접적으로 문화적 차이를 경험하고, 자국의 문화와 목표 문화가 갖는 차이점과 유사점을 인식할 수 있다는 것이다.

김영희(2013)와 최고은(2013)은 제2언어를 교육함에 있어서 실제적 언어 자료로서 드라마를 활용하여 블렌디드 러닝(blended-learning)을 실행하여 그 효과를 살펴보았다. 한국인들에게도 잘 알려진 대표적인 드라마 〈Friends〉와 〈Monk〉, 〈Modern Family〉를 기반으로 듣기 전략 훈련과 '연어' 연구를 진행하였는데, 인기 드라마를 현실적이며 흥미를 유발할 수 있는 언어 교육용 영상 자료로 선정했다는 점에서 공통점을 찾을 수 있다. 김영희(2013)는 한국 대학생을 대상으로 미국 드라마를 활용한 훈련이 학습자의 영어 듣기 능력 향상에 효과적인지와, 이러한 듣기 전략 훈련이 학습자의 학습 태도, 인식 변화에 영향을 끼치는지를 확인하였는데, 목표어는 각각 영어와 한국어로 다르지만 이는 한류 드라마를 활용한 콘텐츠의 개발과 그 적용으로 외국인 학습자들에게 한국어와 한국 문화를 효과적으로 지도하는 교수 학습 방안을 제안하고자 하는 본 연구의 목적과도 부분적으로 일치했다.

TV 드라마에 이어 드라마의 한 장르인 시트콤(situation comedy)이 학습 자료로 활용되기 시작하였는데, 시트콤은 일반 드라마와는 달리 가볍고 일상적인 소재를 취하며 시사성도 있어서 언어 교육에 활용하기에 효과적이라는 특징이 있다. 이에 국내에서도 시트콤을 활용한 영어 교육 방안에 대한 연구(윤선희, 2005; 임희선, 2005;

강소엽, 2010)가 활발하게 진행되었다. 윤선희(2005)는 시트콤이 각 회차별로 완결성을 가지고 있고, 학습자들이 내용에 대해 느끼는 부담이 적다는 점을 교육 자료로서의 장점으로 들었다. 또한 멀티미디어로서 DVD 사용의 편리함을 강조하며 시트콤의 특성 파악과 다양한 멀티미디어의 효과적 사용에 대하여 연구했다.

Takase & Ryu(2002)는 영화를 통하여 비언어적 의사소통 방식을 학습하는 것은 목표어의 문화를 이해하는 데 도움을 주고 목표어로 대화하는 데에도 도움이 된다고 주장했다.25) 목표어 학습의 원동력은 목표 문화에 대한 다양한 시각과 관심사이며 관심이 지속되면 외국어 학습 또한 성공적인 방향으로 이어질 가능성이 높다. 언어 학습이 곧 문화 학습이고, 문화 학습이 곧 언어 학습이기 때문이다.26) 목표어 능력 신장을 위해서는 상호 교류를 목표로 삼아야 하고, 역동적인 문화 현상에 대해 깊이 있는 호기심을 가져야 한다. 이러한 과정에 존재하는 모든 경험을 통해 목표어와 문화가 학습되는 것이기 때문이다.

이와 같이 외국어 학습에서 드라마를 활용한 연구는 다양한 방면

---

25) Damen(1987)은 다양한 비언어적 의사소통 양식에 대하여 다음과 같이 세 가지로 분류했다.
　① 준언어(Paralanguage): 말이 아닌 소리로, 음성의 변화에서 나오는 것들을 뜻한다. 말하는 내용보다는 말하는 방법에 관계되는 것으로, '음'이나 '응' 하는 소리와 같이 언어를 더 효과적으로 전달하거나 의미를 변화시켜 주기도 한다.
　② 신체 언어(Body Language): 의미가 있는 신체의 모든 움직임으로 표정, 머리나 눈, 어깨의 움직임, 자세나 손동작 등이 포함된다. 신체 언어 역시 문화권마다 그 표현 방법이나 정도가 다르고 대부분의 언어에 수반된다.
　③ 환경적 단서와 맥락적 단서(Environmental and Contextual Cues): 시간, 공간에 대한 개념, 상대와의 거리, 피부 접촉, 의복, 화장 등 직·간접적으로 의사소통에 영향을 미치는 모든 요소들을 포함한다.
26) 이해영(2000)은 문화 교육의 내용을 ① 언어, ② 생활양식, ③ 가치관, ④ 지리, ⑤ 역사, ⑥ 제도, ⑦ 성취 문화로 분류하여 제시했다. 문화는 한 사회의 구성원들이 일상에서 어떠한 언어활동과 비언어적 표현들을 구사하며, 그러한 행동을 하는 사회 구성원들의 가치관은 무엇인지를 이해하는 것으로 언어 교육과 문화 교육은 불가분의 관계라고 설명하고 있다.

에서 긍정적인 결과를 보여 주었다. 그러나 일각에서는 학습 자료로서 드라마 활용에 대한 부정적인 시각도 있다. 예컨대 최근 드라마의 내용이 의학, 법률 등 지나치게 전문화된 주제를 다루는 경향이 있고, 미스터리 등 특이한 상황이 많아 학습에 부적합한 요소가 등장하기 때문에 주의가 필요하다는 견해(유영아, 2004)나, 영상 매체를 활용한 교육은 대부분 영화와 드라마에 집중되어 있는데 이들은 상영 시간이 1시간 이상으로 길고 실생활과 거리가 있는 무거운 주제를 다루는 경우가 많아서 실제 교육 현장에서 활용하는 데 무리가 따른다는 것 등이다(오은영, 2010: 2-3). 실제로 텔레비전을 비롯한 매체는 개인의 머릿속에 이미지를 만들고 개인은 그 이미지를 통해 세상을 경험하는 것(Lippmann, 1992; 허혜경·박인숙, 2010)이기 때문에 언어문화 교육을 위한 동영상 자료로서 활용하고자 하는 드라마는 분명한 기준을 가지고 선정되어야 한다. Mc Govern(1983)은 드라마 등과 같은 영상 자료가 갖추어야 할 요건을 다음과 같이 제시하였는데, 첫째, 학습 동기를 충분히 야기시킬 수 있어야 하고, 둘째, 자료 속 배경이나 등장인물이 현실적이고 신뢰성을 지니며 유익한 내용이어야 하고, 셋째, 영상 자료의 길이는 30분 이상을 넘지 말고, 학습자가 집중할 수 있는 길이의 내용이어야 한다. 넷째, 학습 내용은 이해하기 쉽고 간단하며 교육적으로 유익하면서도 흥미 있는 내용이어야 하고, 다섯째, 학습자의 어학 기능을 향상시키기 위해 토론할 만한 내용을 담고 있어야 하며, 마지막으로는 음성 자료 이외에도 영상 자료 속 등장인물들의 몸짓, 태도나 행동 등을 인식하고 표현하는 능력을 기르도록 하는 내용을 담고 있어야 한다는 것이다.

4) 언어 교육과 멀티리터러시(Multi-literacy)

리터러시(literacy)는 문자화된 기록물을 통하여 지식과 정보를 획득하고 이해할 수 있는 능력을 말한다. 리터러시는 그 사회 문화권에서 통용되는 커뮤니케이션 코드인 '언어'에 의해서 규정되는데, 복잡한 사회적 환경과 상황 속에서 그 본질을 이해할 수 있는 복잡한 개념이다. 멀티리터러시는 새로운 커뮤니케이션 기술의 발달에 따라 사람들이 소통하는 방식이 변하고, 세계가 글로벌화하면서 사회·문화적 다양성이 증가하는 가운데 새로운 리터러시가 개발되어야 한다는 인식에서 고안된 개념이다. 멀티리터러시는 다중 문식성(최인자, 2002; 정현선, 2004), 복합 문식성(정현선, 2005), 통합 리터러시(원용진 외, 2004) 등 다양한 명칭으로 사용되어 왔다. 본 연구에서는 이러한 리터러시의 개념을 문화적 리터러시(cultural literacy), 미디어 리터러시(media literacy), 멀티 리터러시(multi-literacy)로 구분하여 살펴보기로 한다.

문화적 리터러시(cultural literacy)는 좁은 의미에서 한 개인이 어떠한 사회 문화에 참여하는 데 요구되는 문화 지식이다. 그러한 지식은 전통에 대한 인식과 그 가치에 대한 인식, 문화적 유산과 전통으로부터 무엇인가를 배울 수 있는 능력, 어떠한 문화의 장단점을 이해할 수 있는 능력으로 구체화된다(Purves, 1994). 서보영(2014)에서는 문화적 리터러시에 대하여 학습자가 과거와 현대의 수직적·수평적 문화를 이해하고 그것을 바탕으로 새로운 문화를 창조할 수 있는 능력이며, 사회 문화적 소통에 기본적으로 필요한 문화적 지식으로 정의했다.

미디어 리터러시(media literacy)는 다양한 뉴미디어[27]를 읽고 쓰는 능력이다. 이는 다양한 형태의 메시지에 접근하여 메시지를 분석하고, 평가하고, 의사소통할 수 있는 능력을 말한다. 정현선(2007)에서는 미디어 리터러시를 일상적인 정보 습득과 사회적 의사소통 및 문화 향유에 깊숙이 자리한 미디어가 인간의 삶을 어떻게 매개하고 있는가에 대해 비판적으로 이해하고 이를 창의적으로 활용할 수 있는 능력이라고 정의했다. 유럽연합 집행위원회(EC, 2007)는 미디어 리터러시를 미디어에 접근하는 능력, 미디어와 미디어 콘텐츠를 이해하고 비판적으로 평가하는 능력, 다양한 맥락에서 커뮤니케이션을 생산하는 능력으로 구분했다. 미디어 리터러시가 있는 의사소통자는 인쇄 매체와 방송 매체를 해석하고, 평가하고, 분석하고 생산할 수 있다. 또한 개인적 또는 공적인 삶에서 미디어를 사용하는 방식에 대한 지식과 이해를 보여 줄 수 있어야 하며 이러한 미디어의 내용이 사회적·문화적 맥락에서 생산되는 것에 대한 지식과 이해를 보여 줄 수 있어야 한다.

멀티 리터러시(multi-literacy)는 새로운 커뮤니케이션 기술의 발달에 따라 변화와 소통하는 방식에 따른 시각적·청각적·공간적 의미와 복합적인 의미 생성 과정을 말한다. 멀티리터러시는 미디어 리터러시, 문화적 리터러시와 밀접한 관련이 있는데, 이는 미디어 환경이 변화하면서 인터넷이나 모바일 등 디지털 미디어를 매개로

---

27) 뉴미디어[new media]는 신문, 방송 등의 기존의 정보 전달 수단을 대신하여 1980년대부터 전자기술의 발전에 따라 새롭게 발달한 여러 가지 커뮤니케이션 및 정보 전달 수단을 말한다. 뉴미디어의 가장 큰 특징은 대화형 상호작용이 가능하다는 것이다. 뉴미디어는 통신 연결을 통해 정보를 전달하고 이에 대한 사람들의 의견과 반응을 공유하며 다양한 주제에 대해 논의할 수 있도록 한다. 또한 뉴미디어에서는 정보가 디지털화 되고, 정보의 전달 및 교환이 상호적으로 일어나며, 미디어 사용자 및 수용자가 미디어를 더욱 능동적으로 이용할 수 있도록 하며, 기존의 여러 가지 매체의 속성이 하나로 통합된 멀티미디어적 성격을 가진다(Buckingham, David, 2004).

이루어지는 소통의 특성이 단지 언어의 측면만으로 모두 포괄되지 않는 미디어 자체의 기술적·사회적 특성에 대한 이해까지도 필요로 하기 때문이다. 이러한 관점에서 볼 때 멀티리터러시 교육의 목표는 단순한 매체(media) 차원의 문식력 향상이 아니라, 다양한 국적, 성별, 직업, 하위문화 등 그 사회 전반을 이해하는 열린 시각을 길러주는 데 있다. 기본적으로 이러한 발상은 디지털미디어 시대에 문자 언어 중심의 리터러시(literacy) 교육이 가진 한계를 인식하고, 현대인들이 실제로 마주하는 새로운 의사소통 매체의 특징을 강조하는 입장이라고 할 수 있다. 획일적이고 단조로운, 따라서 자칫 인간의 사유의 폭을 제한할 수도 있는 문자 중심의 사고방식에서 벗어나 다양한 매체언어를 활용한, 보다 창의적인 사유(思惟)의 장을 열어줄 수 있어야 한다는 것이다.

국내에서 멀티리터러시의 개념이 낯설었던 시기에 미디어 교육의 새로운 해석과 접근으로 멀티리터러시의 개념에 대해 설명하고 해석한 연구로 한정선(2000)이 있다. 한정선(2000)은 다중 미디어 시대에 멀티리터러시 교육은 단순한 도구의 사용을 익히는 데 그치는 것이 아니라 사고의 도구, 탐구의 도구, 대화의 도구, 제작의 도구, 문화 습득의 도구로 활용할 수 있도록 실시되어야 한다고 주장했다.

멀티리터러시를 본격적으로 논의한 국어 교육학계의 주목할 만한 연구로 정현선(2004, 2005, 2006), 김대희(2006, 2008), 최현정(2011), 옥현진(2013) 등이 있다. 최현정(2011)은 영상 매체 문식성 교육에 대하여 첫째, 의사소통과 영상의 긴밀성이 더해지는 미래사회에 필요한 소통 능력을 함양시키고, 둘째, 영상의 이해·표현 과정에서 사용되는 높은 수준의 사고 기능을 신장시키며, 셋째, 멀티리터러시 측면에서 그 하위 의미 요소들을 고루 사용하게 되므로 다양한 문식성을 균형적으로 발달시키는 의의를 갖는다고 했다. 그는 다중 문식성 교육을 위한 국어과 교수·학습 내용으로 '생활 국어' 교과서에서의 영상 제작 단원의 모형을 제시했다. 옥현진(2013)의 경우, 멀티리터러시의 개념을 보다 정교화함으로써 그것을 실제 교육과정의 다양한 요소에 적용시키기 위해 노력했다는 점에서 주목할 만하다. 옥현진(2013)은 다양한 학문 영역에서 각각의 입장에 맞게 논의되어 온 멀티리터러시를 재개념화함으로써 교육학적 의의를 부각시키기 위하여 노력했다. 또한 '새로운 문식성'의 교수·학습 방향을 구체적으로 설정하기 위해 노력하거나, 멀티리터러시 교육의 성취도를 평가할 수 있는 지표를 설정함으로써 구체적인 교육 과정을 설계할 수 있도록 했다.

미디어 리터러시(media literacy)의 의미를 소통과 문화 교육의 측면에서 고찰하면서, 이를 국어 교육의 구체적인 목표와 연결시키기 위해 노력한 연구로 정현선(2004),[28] 김대희(2006) 등이 있다. 정현선(2004)은 복합 양식(multi modal) 매체를 비판적으로 이해할 수 있는 능력(critical literacy)과 그것을 자유롭게 활용할 수 있는 능력은 언어를 공부하는 학생들이 현대사회를 살아가는 데 필수적이라고 주장했다. 결국 그의 연구는 국어 교육의 궁극적인 목표가 의사소통 능력의 신장에 있음을 고려하면서도 다양한 언어 양식의 의미 작용에 대한 이해와 더불어 (그것이) 국어 교육의 내용에 반영될 필요가 있다는 점을 강조한다고 볼 수 있다.[29] 김대희(2006)는 미디어 리터러시와 관련한 국어 교

---

28) 정현선(2004, 2005)의 연구는 비교적 초기에 멀티리터러시의 개념을 국어교육학의 주요한 쟁점으로 만들어 나갔다는 점에서 주목할 필요가 있다.

29) 정현선(2005)은 멀티리터러시(Multiliteracy)의 번역 가능성을 검토하는 과정에서 '복합 문식성', '다

육의 영역을 '미디어 언어의 사용 능력, 미디어 지식 교육, 미디어를 통한 문화 교육, 미디어에 대한 태도'로 구분했다. 이들 네 가지 영역은 멀티리터러시 교육의 목표를 설정할 수 있는 이론적 틀을 제공했다. 그의 연구는 멀티리터러시의 이론을 적용 가능한 국어 교육학의 내용으로 구체화한다는 점에서 의미가 있다. 손미란(2019)은 뉴미디어 환경의 변화에 따라 새로운 세대의 글쓰기 수업을, '디지털 네트워크 공간이라는 실제적 공간에 직접적으로 '연결'함으로써 정보를 수합하고 선별한 후 종합 분석하여 글쓰기를 수행했을 때 완성되는 것'으로 보았다. 이러한 '멀티리터러시 글쓰기'의 현장성을 높이고 학습자들의 디지털 사고 능력을 확장하는 방안을 모색하는 방법으로 수업 내 매개체로서의 스마트폰 활용 가능성에 대해 연구하였는데, 이 방법은 2017년에 진행된 본 연구의 실험 과정에서 멀티리터러시 프로그램 참여집단의 학생들이 수업 중 스마트폰, 태블릿 등을 이용한 애플리케이션 활용 수업으로 학습자들의 흥미와 적극적인 참여를 유도하여 유의미한 결과가 도출된 방식과도 맥락을 같이 하고 있다.

영상 텍스트인 광고와 뮤직 비디오를 활용함으로써 영상 매체를 비판적으로 수용하는 영상 매체 문식성 교수・학습 모형을 제시한 윤제민(2009)의 연구는 각 매체의 특성을 분석하고, 영상 텍스트의 교육적 활용 가능성을 메시지와 이야기(인물, 사건, 배경)의 확인과 구성, 이미지의 활용과 분위기의 흐름, 영상 문법의 인식, 사회・문화적 맥락의 파악 측면에서 검토했다. 이를 바탕으로 '검토 후 감상하기→핵심 모티프로서의 극적 장면 포착하기→비판적으로 수용

중 문식성, '통합 리터러시' 등으로, 용어의 개념을 구체적으로 모색하기도 한다. 한편, 정현선(2006)의 '미디어 리터러시'가 매체 텍스트와 관련한 일종의 "메타언어 능력"으로 보고 있는 반면, '복합 문식성'은 그와는 다른 차원에서 논의의 대상으로 바라봄으로써 자신의 이론을 정교화하고 있다.

하기(외연 분석과 내포 분석으로 분석)→제작해 보기→평가하기'
단계를 갖는 교수·모형을 도출했다.

앞선 논의들이 국어 교육학적인 관점에서 멀티리터러시 이론의 교육학
적 의미를 규명하고자 했다면, 2010년대 이후 멀티리터러시에 관한 논의
는 현실적인 교육 모형을 제안하는 경향을 보인다. 멀티리터러시를 다룬 논
문들이 증가하면서, 그 이론을 활용한 구체적인 수업 모델을 만들어내기 시
작하는데, 대학 글쓰기 교육과정에서 가장 많이 발견되는 글쓰기 프로그램
은 영화나 광고와 같은 영상 매체를 활용한 글쓰기 수업 모형이다. 이것은
영상 매체에 대한 대중의 관심이 높을 뿐만 아니라, 실제로 매체 접근성이 높
다는 점을 반영한 것이다.[30]

다매체 시대에서 언어 능력의 개념은 문자 언어를 기반으로 한
문식력을 넘어 효과적이고 자연스러운 의사소통을 할 수 있는 능
력, 즉, 언어 사용의 '사회적 적절성(social appropriateness)'에 대한
의사소통 능력을 포함하는 것으로 이해되고 있다. 따라서 목표 문
화에 대한 진정한 이해와 통찰이 없는 목표 언어의 규칙에 대한 학
습은 불완전한 언어 학습에 그칠 뿐이다. 왕효성(2010)은 실제 학
습자가 일상에서 듣게 되는 소리는 참여자 간의 중복 발화, 순서
없는 끼어듦, 생략, 축약, 담화표지, 머뭇거림, 횡설수설하는 말, 비
문법적 요소, 관용어, 방언, 간접 표현, 빠른 발화 속도 등의 여러
가지 요소들이 있는데, 전통적인 한국어 교육에서는 이러한 요소들
을 배제한 채 교육을 하기 때문에 학습자들은 교실에서 배운 것을

---

30) 연구 논문의 수에 비해 많은 경우 이 논문들이 단순히 영화평을 쓰는 차원에서 글쓰기와 영상을 연결시
킨다는 점을 고려하면, 본격적인 멀티리터러시 연구라고 보기는 어렵다. 다만 그중에서도, 한영연
(2013), 김인경(2014), 박정하(2014), 임지원(2015)의 경우, 영상을 활용한 글쓰기 교육을 연구하는 과
정에서 멀티리터러시 이론이 (명시적이지는 않더라도) 밀접하게 활용되고 있다는 점에서 주목할 필요가
있다.

실제 생활에 적용하기가 어렵고 실제 의사소통 상황에서 쉽게 좌절하게 된다고 보았다. 이러한 실제 상황에서의 언어 능력에 대한 복합적인 개념은 멀티리터러시 교육의 필요성을 잘 설명해 준다. TV 드라마와 같은 영상 매체는 시각 언어, 음성 언어, 공간 언어, 제스처 언어[31]를 포함하여 실제 한국어 구어의 특성, 문자 언어와 음성 언어의 차이가 자연스럽게 습득되는 매우 효과적인 수단이 될 수 있다. 그러나 지금까지 드라마 매체를 활용한 한국어 멀티리터러시 교육 프로그램의 개발과 효과에 대한 논의는 양적으로, 질적으로 매우 부족한 실정이다. 따라서 본 연구에서는 이러한 다매체·디지털 시대의 매체 현실을 외국인을 위한 한국어 교육에 적극적으로 반영하여 한국어 교육과 멀티리터러시 교육을 동시에 꾀하고자 했다.

3. 생각할 문제들

이 프로그램을 통하여 확인하고자 하는 구체적인 연구 문제들에 대해 다음과 같이 정리하였다.

첫째, 한국어 멀티리터러시 교육 프로그램은 외국인 학습자들의 한국어 능력 향상에 실제적·객관적으로 기여할 수 있을까?

둘째, 한국어 멀티리터러시 교육 프로그램은 외국인 학습자의 학

---

31) 뉴런던그룹(The New London Group, 1996)은 멀티리터러시 개념을 처음으로 소개하며 복합적인 의미의 멀티리터러시를 설명하였는데 그 가운데 시각 언어, 음성 언어, 제스처 언어, 공간 언어를 포함하여 의미를 구성해 내는 능력이라는 표현을 사용했다.

습 흥미도, 학습 자신감, 학습 참여도 등의 정의적 영역32)에 긍정
적으로 기여할 수 있을까?

셋째, 한국어 멀티리터러시 교육 프로그램에 참여한 외국인 학습
자들은 멀티리터러시와 관련하여 어떠한 학습 경험을 하게 될까?

이 책의 구성은 한국어 멀티리터러시 향상 프로그램 개발을 위한
목적과 목표, 내용 및 운영 절차를 담은 프로그램 개발과 개발된
프로그램의 타당성 검증을 위한 전반부와 프로그램 적용 및 효과를
양적·질적 관점에서 기술한 효과 검증의 후반부로 구성된다. 프로
그램의 적용 효과 검증에서는 모든 언어 학습의 가장 기본이 되는
읽기와 쓰기 능력에 대한 검증과 학습 지속성을 담보하는 학습 태
도의 변화를 먼저 검증한다. 이후 프로그램 참여 학습자들의 멀티
리터러시 능력 향상에 대한 경험적 이야기를 질적 연구 전통에 따
라 수집하고 분석한 결과를 제시하게 된다. 멀티리터러시의 특징이

---

32) 정의적 영역[affective domain]은 교육 목표 분류체계에서 인간의 정서와 감정을 밑바탕으로 형
성되는 모든 행동을 포함하는 영역이다. B. S. Bloom과 D. R. Krathwohl 등은 교육목표를 내
용과 행동으로 이원 분류하는 교육목표분류체계(taxonomy of educational objectives)를 개발하
였는데, 이 중에서 행동은 다시 지적 영역, 정의적 영역, 심동적 영역으로 분류되었다. D. R.
Krathwohl 등은 수용(receiving), 반응(responding), 가치화(valuing), 조직화(organization), 인격화
(characterization)의 다섯 범주로 분류하고 이들 다섯 범주 사이에 위계적 관계를 설정했다. '수
용'은 어떤 자극이나 활동을 기꺼이 받아들이고 자발적으로 주의를 기울이게 되는 민감성을
의미하며, '반응'은 어떤 자극 또는 활동에 적극적으로 참여하고 자발적으로 반응하여 그러한
참여와 반응에서 만족감을 얻게 되는 행동을 의미한다. 또한 '가치화'는 특정한 대상, 활동 또
는 행동에 대하여 의의와 가치를 직접 추구하고 행동으로 나타내는 정도를 의미하고, '조직화'
는 여러 가지 가치를 비교하고 연관시켜 통합하는 것을 의미하며, '인격화'는 가치관이 지속적
이고 일관성 있고 예측할 수 있을 만큼 확고하게 인격의 일부로 내면화된 것을 의미한다. 학
교 학습 성과로서의 정의적 영역은 이러한 분류 이외에도 학자에 따라 다양하게 세분화된다.
예를 들면, 교과 관련 정의, 학교 관련 정의, 자아 관련 정의로 구분되기도 한다. 또한 학교 교
육과 관련된 정의적 성과로 자아 개념, 귀인, 자아 존중 및 정신 건강 등이 열거되기도 한다.
L. W. Anderson은 학교교육과 관련된 7개의 정의적 특성을 태도, 흥미, 가치, 선호, 학업적 자
기 존중, 귀인, 그리고 불안이라고 했다(김명숙, 2004).

기도 한 확장된 언어 재현 양상과 매체 환경에서의 복합 매체 텍스트 이해 능력은 그것이 가지고 있는 상황적 맥락성으로 인해 객관적 측정이 매우 어렵다. 따라서 멀티리터러시 능력 향상의 학습 환경에서의 경험을 분석함으로써 이 연구에서 제시된 프로그램의 멀티리터러시 능력 개발의 가능성을 유추하는 데 연구의 범위를 제한했다.

이 책에서 사용하는 용어에 대하여 다음과 같이 정리한다.

첫째, 멀티리터러시 교육 프로그램의 적용과 효과를 검증하는 실험에 참여한 참여자들은 한국의 언어와 문화를 배우기 위하여 한국으로 유학을 온 외국인 유학생들로서 대학 기관에서 한국어로 전공 과목을 공부하는 중급 이상의 학부 외국인 유학생들로 구성되어 있으나 본문에서는 용어를 「한국어 학습자」로 단순화했다.

둘째, 멀티리터러시(Multi-literacy)는 '텍스트 형태에서 벗어난 시각 언어, 음성 언어, 제스처 언어, 공간과 상황의 맥락을 이해하는 것을 포함하여 의미를 구성해 내는 능력'으로 정의한다. 본 연구의 목표는 한국어 교육이 단순히 텍스트를 이해하는 것으로 끝나는 것이 아니라 실제적 자료인 드라마 매체를 매개로 한 다양한 사고의 경험을 통하여 한국 사회 문화를 복합적으로 이해할 수 있고 일상생활 속에서 일어나는 다양한 의미 작용에 대해 능동적이고 비판적으로 참여할 수 있는 능력을 기르게 하는 것이므로 이를 '멀티리터러시'로 개념화하여 사용했다.

셋째, 이 책에서는 한국어 멀티리터러시 향상을 위한 교육 도구로서 멀티미디어 매체 가운데 텔레비전 드라마와 관련 동영상 자료를 활용하므로 「영상 매체를 활용한 한국어 문화 멀티리터러시 교육」으로 정의하고, 실험 과정과 설문 조사에서는 「멀티리터러시 수업」으로 용어를 단순화하여 사용했다.

II

멀티리터러시와
영상 매체
활용 수업

1. 영상 매체의 활용과 멀티리터러시

먼저, 영상 매체의 활용과 멀티리터러시 교육의 필연성을 살펴보기 위하여 이번 장에서는 다매체 상황에서 학습자들의 한국어 멀티리터러시를 교육하기 위한 학습 자료로서 구두 언어를 포함하고 있는 실제적 영상 자료인 TV 드라마를 선정했다. 여러 연구자들의 다양한 해석 가운데 이 연구에서는 멀티리터러시를 학습자들이 시각적·청각적·공간적·맥락적으로 한국 사회와 문화의 특성을 깊이 있게 이해하고, 이에 따라 소통 상황에서 적절한 언어와 행위로 표현하는 능력이라고 정의했다. 이에 따라 멀티리터러시를 향상시킬 수 있는 방안을 모색하고자 언어 교육에서 드라마 활용의 실제성과 유용성을 설명한 연구들을 살펴보았다.

Underwood(1989)는 '구두 언어를 포함하고 있는 실제적 자료'[1]의 열 가지 특징으로 ① 자연스러운 리듬, ② 자연스러운 억양, ③ 자연스러운 발음, ④ 화자들 사이의 겹친 발화, ⑤ 정상적인 발화의 속도, ⑥ 자발적인 언어에서 쓰이는 비문법적인 언어, ⑦ 불완전한

---

[1] 실제적 언어 자료란 목표어를 사용하는 모어 화자들이 인위적인 상황이 아닌 실제 생활에서 사용하는 언어와 그들의 문화가 담긴 자료를 일컫는다(Allwright, 1981; Forman, 1986; Peacock, 1997; Rodgers & Medley, 1988).

문장, 잘못된 시작, ⑧ 주변 소음과 소리, ⑨ 자연스러운 시작과 멈춤, ⑩ 문자 언어보다 엉성한 정보 등을 지니고 있다고 설명했다. 실제적 구두 언어 자료는 실생활에서 통용되고 있는 언어 형태와 의미뿐만 아니라 문화에 대한 정보도 제공해 주기 때문에 학습자의 흥미를 유발시키고 학습 의욕을 고취시키므로(Rodgers & Medley, 1988) 언어 학습에 문화적 맥락(context)을 지닌 실생활 구두 언어 교재인 라디오 방송, TV 드라마, 뉴스를 방영하는 텔레비전, 영화 등을 적극 활용해야 한다고 강조했다(Hadley, 1993).

Farrell(1987)은 외국어 학습에서 드라마의 유용성을 다음의 네 가지 측면에서 설명했다. 첫째, 드라마는 내용에 연속성이 있고 보통 일별 또는 주간 단위로 방영이 되거나 구성되기 때문에, 학습 자료로 활용할 때 학습자의 수준이나 관심사에 따라 선택하기가 쉽다. 둘째, 실제적인 언어 소통에 가까운 예를 제공한다. 셋째, 학습자의 주의력과 관심을 유지시키며, 실생활에 필요한 의미 있는 언어를 지속적으로 제공한다. 넷째, 학습자는 드라마를 시청하는 동안 드라마 장면 속의 주인공이 무엇을, 어떻게, 왜 말하는지에 대하여 이해해야 하고, 교사는 학습자들에게 적합한 드라마를 선정하고 임무를 조직하는 조직자, 학습자를 통제하고 필요할 때 간섭하는 감시자이자 조력자의 역할을 한다고 했다. 또한 실생활 매체 듣기의 단계별 순서를 제시하였는데, 학습자는 자연스럽게 영상물을 감상하며 학습에 대한 부담이 없이 흥미를 갖게 되는 단계, 등장인물들의 관계를 파악하면서 줄거리를 이해하는 단계, 그리고 문화적 차이에 관심을 갖게 되고 표현을 익혀 사용하게 되는 등의 여섯 단계를 제시했다. 이는 단지 TV 드라마가 아닌 다른 영상물에도 교사의 직접적인 지도 없이도 적용될 수 있다고 보았으며 학습자는 영상물에 집중하면서 들은 메시지를 이해하기 위해 노력하는 가운데 문맥 속에서 어휘를 학습하게 되고, 실제 사용되는 언어에 노출됨으로써 학습의 즐거움을 얻게 된다고 보았다.

2. 영상 매체를 활용한 언어 수업 모형들

외국어 교육에서 영상 자료를 활용한 언어 교육에 대해 연구하였던 언어학자들 가운데 대표적으로 TV 드라마와 영화를 활용한 영상 수업 모형을 연구하였던 여섯(Bowen, 1982; Kerridge, 1983; Williams, 1983; Altman, 1989; Allan, 1991; Bouman, 1995)의 연구를 분석하여 이 모형들이 제시하는 실제적 언어 자료의 특성을 종합해 보면, TV 드라마와 같은 언어 자료는 구두 언어를 포함하고 있는 실제적인 자료이며, 목표 언어권 나라에서 통용되고 있는 실생활 언어로서 TV 드라마 속에 등장하는 배경, 인물 등의 모든 것이 목표 언어권 나라의 사회와 문화를 반영하고 있어서 언어 자료의 역할뿐 아니라 문화 교육의 자료로서 역할도 크다(김영희, 2013).

따라서 드라마를 활용한 한국어 멀티리터러시 교육 프로그램에 대한 효과적인 수업 모형을 개발하기 위하여 먼저 실제적 영상 자료를 활용한 학습 방법과 절차를 제시한 연구들 가운데 대표성을 띠는 연구들(Bowen, 1982; Kerridge, 1983; Williams, 1983; Altman, 1989; Allan, 1991; Bouman, 1995)을 소개하고 각 수업 모형의 특징에 대

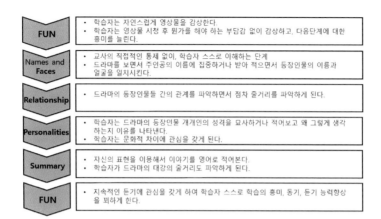

FUN	• 학습자는 자연스럽게 영상물을 감상한다. • 학습자는 영상물 시청 후 뭔가를 해야 하는 부담감 없이 감상하고, 다음단계에 대한 흥미를 늘린다.
Names and Faces	• 교사의 직접적인 통제 없이, 학습자 스스로 이해하는 단계 • 드라마를 보면서 주인공의 이름에 집중하거나 받아 적으면서 등장인물의 이름과 얼굴을 일치시킨다.
Relationship	• 드라마의 등장인물들 간의 관계를 파악하면서 점차 줄거리를 파악하게 된다.
Personalities	• 학습자는 드라마의 등장인물 개개인의 성격을 묘사하거나 적어보고 왜 그렇게 생각하는지 이유를 나타낸다. • 학습자는 문화적 차이에 관심을 갖게 된다.
Summary	• 자신의 표현을 이용해서 이야기를 영어로 적어본다. • 학습자가 드라마의 대강의 줄거리도 파악하게 된다.
FUN	• 지속적인 듣기에 관심을 갖게 하여 학습자 스스로 학습의 흥미, 동기, 듣기 능력향상을 꾀하게 한다.

〈그림 2〉 Farrell(1987)이 제시한 「드라마 듣기」 순서

하여 구체적으로 알아보고자 한다.

1) Bowen(1982)의 수업 모형

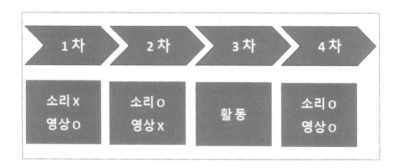

〈그림 3〉 Bowen(1982)의 영상 자료를 활용한 수업 모형

Bowen(1982)은 영상 자료를 이용한 수업 절차에 대하여 다음과 같이 4단계로 제시하고 있다.

(1) 미리 보기 단계(Previewing Stage)

① 소리를 끄고 화면만 보는 단계

- 영상 자료의 내용이 무엇인지 추측하여 말하기

② 소리만 들으면서 예측하기

- 무슨 일이 일어났는지, 어디에서 생긴 일인지, 어떤 부류의 사람들인지 예측하여 발표하기

③ 활동 단계

- 일시 정지를 사용하여 특정한 장면을 선택하여 어휘를 소개하고 선수 학습 내용과 후속 학습 내용에 대한 이해 확인하기

- 그룹별로 각각 다른 내용의 음성 자료를 주고 그 내용을 이해하게 한 후 전체적으로 내용을 연결하기

- 각각 다른 장면을 묘사한 문장을 늘어놓고, 화면을 보면서 순서 확인하기

- 한 사람은 화면을 보고, 다른 사람은 등지고 앉아서 화면을 보는 사람이 장면을 설명하면 등진 사람은 이것을 기초로 하여 화면의 내용을 발표하고, 전체 학습자가 함께 시청을 하면서 내용 확인하기

④ 시청 단계

(2) 활용 단계(Exploiting Stage)

2단계에서는 장면을 보다 구체적으로 보는 과정으로 제반 언어 요소인 어휘, 구조, 발음, 어조 등을 학습한다. 세밀한 부분까지 연습할 수 있도록 하며 표정이나 비언어적 요소들에 대하여 주의력을 집중하고 시각 자료에 대한 관심을 높이게 한다. 1단계에서는 주로

듣기, 말하기, 읽기 연습에 중점을 둔다면 이 단계에서는 쓰기에 주안점을 둔다.

이 수업 계획 단계에서 취급될 수 있는 내용들을 세부적으로 살펴보면 다음과 같다.

① 시청 전에 유인물을 나누어 준다. 유인물에는 다양한 문제, 즉 선다형, 객관식, 진위형, 동의어, 이의어, 순서가 뒤섞인 문장, 관련 있는 것끼리 연결하기 등의 항목을 넣을 수 있고, 이때 응답은 쓰기를 통한 방법이 될 것이지만 양이 많고 과도한 응답을 요구하는 것은 피하도록 한다.

② 화면의 일부분을 보여 주고 학습자는 자신이 만든 대사를 크게, 정확한 소리로 어조를 적절히 맞추어 읽고 나서 원래의 영상 자료 속 화면과 비교하도록 한다. 문장의 구조 및 어휘에 관련된 사항을 미리 제공하여 주고 학습자는 등장인물의 표정, 입의 움직임, 반응 등을 유의해서 보도록 한다.

③ 임의의 장면에 대한 완벽한 대본을 주고 읽기 연습, 쉼, 강세, 성량, 속도, 표정 등을 따라하게 한다.

④ 빈칸으로 구성된 원고를 주고 읽게 한 후 영상물을 보며 빈칸을 채우게 함으로써 구체적으로 듣기, 읽기, 맥락의 이해 등에 도움을 주도록 한다.

⑤ 영상 자료의 한 부분을 보여 준 후, 다음에 나타난 문장을 제시하게 한다.

⑥ 영상 자료를 시청하는 동안 학습자는 화면 속의 등장인물 및 배경, 활동 내용에 친숙해지도록 한다. 다음으로 교사는 화면을 가리고 학습자들이 다음 장면에서 무슨 일이 일어나는지에

대해 집중해서 듣도록 한다. 2-3분 정도 화면을 멈추고 TV 화면에 나타난 정지 화면을 설명하게 한다. 다시 화면을 본 다음 보다 자세한 내용이나, 의견의 차이에 대해 논의하게 한다.

(3) 정리 단계(Consolidation Stage)

이 단계에서는 화면을 처음부터 끝까지 다시 한번 반복해서 시청하고, 주의 깊게 들으면서 단절 없이 내용을 해석하고, 언어 이해력을 강화시키는 단계로서 학습 중 습득한 어휘 및 구문을 활용하여 의사소통 능력을 신장시키게 된다. 그룹별로 활동 과제가 제시되고 자신들에게 제시된 과제에 대하여 의견을 말한다. 이 단계에서 다룰 수 있는 활동은 다음과 같다.

① 무슨 일이 있었는가? 사건의 원인은 무엇인가? 등의 자세한 내용에 대하여 뉴스 형태로 발표한다.

② 영상 자료의 장면을 직접 시연할 수 있는 역할극을 한다.

③ 주제나 학습 내용상의 문제점에 대해 대답한다.

④ 학습자가 스스로 주제를 정하여 제작한 광고 방송을 발표한다.

⑤ 주제 및 내용에 대하여 한쪽은 찬성하고 다른 한쪽은 반대하는 토론을 한다.

2) Kerridge(1983)의 수업 모형

Kerridge(1983)가 제시하는 모형은 영상 자료를 활용한 수업 모형으로 크게 시청 전 단계에서 2회 이상 소리를 끄고 화면만 보기를 제안하면서, 학습자들이 영상물을 시각적으로만 보고 나서 내용을 예측하도록 하고, 이후 음성을 들으며 시청하였을 때, 예측하여 기록하였던 내용과의 차이점을 비교해 보는 모형을 제시했다.2) 시청 단계를 1차 시청, 2차 시청으로 세분화하여 다음의 〈그림 4〉와 같이 나타낼 수 있다.

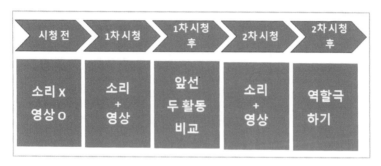

〈그림 4〉 Kerridge(1983)의 영상 자료를 활용한 수업 모형

① 시청 전 단계: 소리를 끄고 보는 단계
- 2회 이상 소리를 끄고 영상 보기
- 소집단별로 전체 내용 예측해 보기
- 즉흥적으로 대사 내용 기록하기
② 1차 시청 단계: 소리를 켜고 시청하기
③ 1차 시청 후 단계: 실제 시청한 내용과 앞 단계에서 소리 끄고 보았을 때 예측한 내용과 차이점을 비교해 본다.
④ 2차 시청 단계: 구체적인 내용 확인을 위해 소리를 켜고 다시 시청한다.

---

2) Kerridge(1983)는 영상 자료 선택 시 교사의 역할에 대해 교사는 가르치고자 하는 내용을 확인하고 선정한 자료를 수업의 어느 단계에 투입할 것인지를 고려해야 하며 또한 관련 보조 활동의 도입 여부를 확인하는 것이 교사의 임무라고 주장했다.

⑤ 2차 시청 후 단계: 시청한 내용을 바탕으로 역할극 하기

Kerridge(1983)의 영상 자료를 활용한 수업 모형은 Allan(1991), Williams(1983)와 다르게 도입 설명이 없이 영상을 바로 제공하는 것이 특징이다. 두 번 이상의 '보기' 과정을 통해 학습자들의 호기심을 자극하고 1차 시청 단계에서는 소집단별로 예측하였던 내용을 확인하는 과정으로 집단적 참여를 유도할 수 있는 장점이 있다.

3) Williams(1983)의 수업 모형

Williams(1983)의 영상 자료를 활용한 수업 모형에서는 영상 자료를 시청하기 전에 도입 활동을 하고, 1차 시청 단계에서 영상 자료를 처음부터 끝까지 중간에 끊지 않고 전체 시청한 후 질문-토론-발표를 통한 듣기-말하기 통합 수업으로 구성한다. Williams(1983)의 수업 모형은 다음 〈그림 5〉와 같이 나타낼 수 있다.

① 시청 전 단계에서 간략한 도입 활동을 한다.

② 1차 시청 단계에서 제시되는 영상 자료를 처음부터 끝까지 전체 시청한다.

③ 1차 시청 후 단계

- 질문: 시청 후, 시청한 내용에 대해 질문하기

- 토론: 시청한 내용을 소집단별로 토론하고, 요약하기

- 발표: 토론한 결과를 발표하기

④ 2차 시청 단계에서 필요에 따라 내용을 다시 확인하기 위해 시청한다.

⑤ 2차 시청 후 단계에서 보고서를 작성한다.

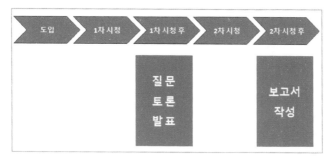

〈그림 5〉 Williams(1983)의 영상 자료를 활용한 수업 모형

Williams(1983)의 영상 자료를 활용한 수업 모형은 Allan(1991)의 일괄시청 모형에 2차 시청 과정을 더한 것과 같다. 시청 전 단계에서 도입 활동으로 교사가 학습할 내용을 학습자들에게 소개하고, 한 번의 전체 시청 후 교사는 시청한 내용에 대해 질문하고 학습자들은 소집단별로 토론을 한다. 내용 요약과 결과 발표의 과정으로 말하기 활동 후 2차 전체 시청, 보고서 작성으로 쓰기 활동을 수행한다.

4) Altman(1989)의 수업 모형

Altman(1989)의 실제적 영상 자료의 수업 모형은 계획(planning), 실행(implementing), 평가(evaluation)의 세 단계로 구조화되어 다음의 〈그림 6〉과 같이 나타낼 수 있다. 각 단계에서 제시하는 세부 활동을 살펴보면 다음과 같다.

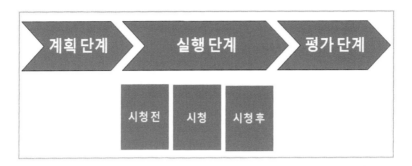

<그림 6> Altman(1989)의 실제적 영상 자료의 수업 모형

① 계획 단계
- 학습 목표 정하기
- 영화 선정하기: 학습 목표와 학습자의 언어적 수준과 학습자의 나이에 적합하며 내용의 흥미도를 고려하여 12분이 넘지 않는 길이의 영화를 선정한다.
② 실행 단계
- 시청 전 단계: 학습자의 스키마를 활성화시키기 위하여 어휘, 문법, 배경지식을 사전에 미리 제공하여 영화 내용 및 흐름의 파악을 돕는다.
- 시청 단계: 제목 유추하기, 등장인물의 이름을 적어보기 등의 활동을 제시한다.
- 시청 후 단계: 학습 목표와 목적이 달성되었는지 확인하기 위한 단계로 토론하기, 내용 요약하기, 등장인물의 이름 연결하기, 역할극 하기, 평가 등의 활동을 한다.
③ 평가 단계: 학생의 이해도를 점검하고 수업의 효과를 확인한다.

이상에서 Bowen(1982) 모형과 음성 제거 영상을 통한 학습 모형, Kerridge(1983), Williams(1983), Altman(1989)이 제시한 실제 영상 자료를 활용한 수업 모형을 살펴보았다. 제시한 수업 모형들에서 학자들이 공통적으로 제안하는 수업의 큰 틀은 학습자의 배경 지식을 활성화하는 시청 전 단계, 영상 자료를 시청하면서 내용의 흐름을 이해하는 시청 중 단계, 시청한 내용을 바탕으로 후속 활동으로 이어지는 시청 후 단계의 세 단계로 진행된다.

5) Allan의 수업 모형

Allan(1991)은 외국어 수업에서 영상 자료를 활용하는 수업 모형을 영상 자료의 내용적 특성이나 교수 학습 목표에 따라서 다양하게 제시하였는데, 그중 가장 일반적인 수업 모형으로서 미리 준비된 내용의 영상을 음성과 함께 시청하는 「일괄 시청(viewing straight through) 모형」과, 음성을 제거한 후 제시된 영상만을 보며 활동을 하는 「음성 제거 영상을 통한 학습 활동 모형」을 살펴보기로 한다.

(1) 일괄 시청(viewing straight through) 모형

일괄 시청 모형은 시청 전 단계(pre-viewing stage), 시청 단계(viewing stage), 시청 후 단계(post-viewing stage)로 구조화되어 〈그림 7〉과 같이 나타낼 수 있다.

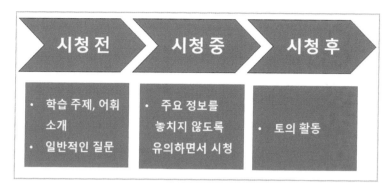

〈그림 7〉 Allan(1991)의 일괄 시청 수업 모형

① 시청 전 단계(pre-viewing stage)에서 교사는 시각적으로 제시되는 정보에 관한 질문을 포함하여 영상 자료에 관련한 질문을 제시한다. 시청하게 될 장면의 주제와 주요 어휘를 소개하고, 주요 내용을 알아낼 수 있는 일반적인 질문을 한다. 특히 시각적으로 제시되는 정보에 관한 질문을 반드시 포함한다.

② 시청 단계(viewing stage)에서는 학습자가 영상 자료를 전체적으로 시청한다. 교사는 학습자들이 시청 중 주요 내용을 적는 등의 다른 활동으로 시각적 정보를 놓치지 않도록 유도한다.

③ 시청 후 단계(post-viewing stage)에서는 영상의 모든 내용을 시청한 후, 시청한 내용에 대한 토의 활동이 이루어진다. 시청 직후 바로 활동을 이끌어 학습자의 흥미를 유지하게 한다.

일괄 시청 모형은 시청 전 단계에서 교사가 학습할 내용의 주제와 어휘를 학습자들에게 미리 소개하고 주제와 어휘를 제시한 후, 반복 시청이 아닌 한 번의 전체 시청 후, 시청 후 단계로서 토의 활동을 한다. 시청 단계에서 교사는 주요 내용과 정보를 제공하는 '안내자' 역할을 한다.

(2) 음성 제거 영상을 통한 학습 활동 유형

음성 제거 영상을 통한 학습 활동 유형은 시청 단계(pre-viewing stage), 1차 소리 끄고 시청하는 단계(first silent viewing stage), 토의 단계(discussion stage), 2차로 소리 끄고 시청하는 단계(second silent viewing stage) 그리고 소리 켜고 시청하는 단계(viewing with sound)로 구조화되어 다음의 〈그림 8〉과 같이 나타낼 수 있다.

① 시청 단계(pre-viewing stage)에서 교사는 제시될 내용의 배경, 등장인물, 주제, 상황, 사물 등에 대한 질문을 한다.
② 1차 소리 끄고 시청하는 단계(first silent viewing stage)에서는 소리는 끄고 영상만을 제시한다. 언어보다는 배경이나 사물 등의 비언어적인 내용에 중점을 두고 보는 단계로서 장면만 제시하고 학습자들은 교사가 제시한 질문에 유의하면서 화면을 본다.
③ 토의 단계(discussion stage)는 학습자들이 제시된 장면의 내용에 대해서 함께 토의하는 단계로, 일대일이나 그룹 형태로 진행한다. 장면의 내용에 대한 서로의 답을 비교하고 토의한다.
④ 2차로 소리 끄고 시청하는 단계(second silent viewing stage)는 제시되는 영상의 언어적 내용에 중점을 두고 시청하는 단계로 등장인물의 대화를 예측하고 그 내용을 토대로 역할극을 수행한다.

⑤ 소리 켜고 시청하는 단계(viewing with sound)는 이전 단계에서 학습자들이 예측한 상황, 내용, 언어적 요소 등을 확인하는 단계이다.

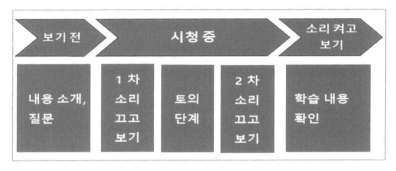

〈그림 8〉 Allan(1991)의 음성 제거 영상을 통한 학습 활동 모형

음성 제거 영상을 통한 학습 활동 모형은 일괄 시청 모형과 마찬가지로 시청 전 단계에서는 교사가 학습할 내용을 학습자들에게 미리 소개하지만, 시청 단계에서의 '2회의 소리 끄고 화면만을 보는 학습 과정'이 이 모형의 특징이다. 이는 언어적인 요소보다는 비언어적인 내용에 중점을 두는 단계로서 소리는 끄고 영상만을 제시하는 1차 보기와, 보기 후 토의 활동, 다시 제시되는 영상의 언어적 내용에 중점을 두고 시청하는 2차 보기의 단계로 등장인물의 대화를 예측하는 과정으로 이어진다. 마지막으로 소리를 켜고 영상 자료를 시청하는 단계(viewing with sound)로 구조화되어 예측하였던 내용을 확인하는 것으로 마무리된다.3)

---

3) Allan(1991)의 음성 제거 영상을 통한 학습 활동 모형의 특징은 2회의 '소리 없이 화면만 보기 과정'이다. 본 연구에서 예비 연구를 통해 음성 제거 영상을 통한 학습 활동 모형을 시도하였을 때 첫 번째 화면만 보기 과정에서는 학습자들의 집중도가 높았으나 두 번째 소리 없이 화면만

6) Bouman의 수업 모형

Bouman(1995)은 영상 자료를 활용한 수업 모형에서 듣기, 말하기, 읽기 연습에 중점을 둔 활동을 제시하는 시청 전 단계와, 쓰기에 중점을 두어 어휘와 구조, 발음과 어조, 표정과 태도 등을 학습하는 활용 단계, 화면 전체를 반복적으로 시청하고 주의 깊게 들으면서 중간에 끊지 않고 내용을 이해하는 강화 및 통합의 세 단계로 나누어 제시했다. 구체적인 학습 활동 내용은 다음과 같다.

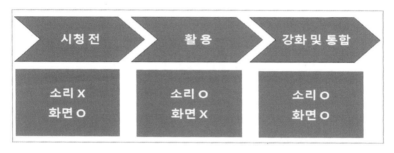

〈그림 9〉 Bouman(1995)의 영상 자료를 활용한 수업 모형

① 시청 전 단계: 소리를 켜지 않고 화면만 보면서 내용을 예측하기, 화면 없이 소리만 들으면서 무슨 일이 어디에서 일어났는지 예측하여 서로의 의견을 발표하기, 특정 장면을 일시정지 한 상태에서 어휘 소개, 선수 학습 내용 및 후속 학습 내용에 대한 이해와 추리력을 확인해 보는 활동하기, 소집단별로 각각 다른 내용을 들으면서 전체 내용을 연결해 보는 활동하기, 서로 다른 장면을 묘사한 문장을 보며 순서 바로잡고

보기 과정에서는 학습자들이 답답해하거나 집중도가 떨어지는 현상이 관찰되기도 했다.

화면을 보며 확인하기

② 활용 단계: 일부분을 시청한 후 배우들의 대사를 따라 말하기, 임의의 장면의 대사를 주고 읽기 연습, 강세와 속도에 유의하여 읽어보기, 대사 중간의 빈칸을 듣고 채우기, 영상의 일부분을 보여 주고 다음에 나타날 문장을 제시하도록 하기, 화면 없이 음성만 듣고 다음 장면에 대한 예측하기, 시청하는 내용이나 등장인물 배경에 대해 질문하기

③ 강화 통합 단계: 제시된 영상을 처음부터 끝까지 반복 시청하고 단절 없이 주의 깊게 들으며 내용 이해하기, 사건의 내용과 원인을 요약하여 발표하기, 역할극 하기, 내용 이해 질문에 답변하기, 주제 및 내용에 대해 찬반 토론 활동하기

Bouman(1995)의 영상 자료를 활용한 수업 모형은, Kerridge (1983)의 영상 자료를 활용한 수업 모형과 마찬가지로 도입 과정이 없이 시청 전 활동으로 소리를 켜지 않고 화면만 보여 주고 내용을 예측하게 한다. 두 번 이상의 '보기' 과정을 통해 학습자들의 호기심을 자극하고 1차 시청 단계에서는 학습자들이 예측하였던 내용을 확인하는 과정을 거친다. 이후 활용 단계에서는 부분적으로 대사를 듣고 따라 하기, 빈칸 채우기 등의 활동을 하고 단절 없이 반복 시청하며 내용을 이해(요약 발표, 토론하기)하는 과정으로 구분할 수 있다. 찬반 토론은 정해진 규칙에 따라 긍정과 부정으로 대립하는 두 팀이 주어진 논제에 대해 논거에 의한 주장과 이에 대한 검증, 의논을 되풀이함으로써 이성적 판단을 내리는 과정이다. 일정한 형식에 따라 논제에 대한 자신의 입장을 뒷받침할 수 있는 내

용들로 발화를 구성하게 되므로 시청한 내용과 관련된 토론 주제를 제시하며 강화 통합 단계에서의 마무리 활동으로 적합하다.

영상 자료를 활용하는 언어 교육은 영상물에 대한 이해에서부터 우리 생활에 끼치는 미디어의 영향력에 대한 문제 등을 다양한 미디어 텍스트를 통해 능동적으로 해석하고 선택하여 자신의 목적에 맞게 사용할 수 있도록 가르치는 것이라고 할 수 있다. 그리고 그 가운데는 미디어를 활용한 교육의 부분도 포함되어 있다. 미디어 콘텐츠는 각종 유·무선 통신망을 통해 제공되는 디지털 정보를 통칭하는 말로 쓰이는데, 매체를 통해 전달되는 대중적인 정보를 일컫는다. 이러한 미디어 콘텐츠는 여러 분야의 교육에 활용되고 있는데 언어교육에서의 활용은 특히 효과적인 방법이라고 할 수 있다. 언어교육을 하는 목적이 자연스러운 의사소통 능력을 갖추도록 하기 위한 것이라는 점에는 반론의 여지가 없다. 원활한 의사소통을 할 수 있으려면 언어 자체의 의미 파악도 중요하지만 그 언어를 사용하는 사회의 토대를 형성하는 문화를 이해할 수 있어야 한다. 이러한 관점에서 사회문화를 이해하는 방법으로 미디어 콘텐츠를 활용하는 것은 실효적인 방법일 것이며, 대표적인 멀티미디어인 TV와 인터넷 등의 매체는 교육의 제반 분야에 적극적으로 활용될 수 있다. 특히 언어교육에서 멀티미디어는 듣기, 말하기, 읽기, 쓰기와 문화의 이해 영역 모두를 학습하기에 적합하고, 학습자의 기억에 오래 남길 수 있는 가장 효과적인 매체인 것이다.

3. Mayer의 멀티미디어 학습 이론

사실 학습의 효과는 '학습한 내용이 학습자의 머리에 얼마만큼 남아 있는가'라고 볼 수 있다. 학습한 내용을 잘 기억하고 못 하고 는 지능 지수 때문만은 아니며 어떤 방식으로 머릿속에 내용을 입력하느냐에 따라 달라진다는 것이다. Mayer의 인지 이론(1992)에 따르면 뇌는 단어, 그림 및 청각 정보가 멀티미디어로 표현된 것을 따로따로 해석하지 않고 오히려 이들 요소들이 통합된 논리적 심상을 만들어내기 위해 역동적으로 선택하고 조직화한다는 것을 보여준다.

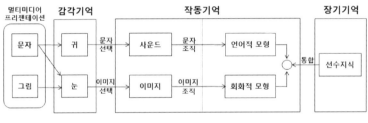

〈그림 10〉 Mayer(2009)의 멀티미디어 학습 모형

〈그림 10〉은 Mayer(2009)가 제시한 멀티미디어 학습에서 인간의 정보 처리 시스템을 표현하고자 하는 인지적 모형으로, 학습자에게 감각기억, 작동기억, 장기기억과 같은 저장 장치들이 어떻게 작동하는지를 설명하고 있다. 그림과 문자가 외부로부터 들어와 귀와 눈을 통해 감각기억으로 들어오고, 감각기억으로 들어온 그림과 인쇄된 문자는 시각적 감각기억에서 매우 짧은 시간 동안 정확하게 시각적 이미지로 남아 있다. 말로 표현된 문자와 기타 사운드는 청

각적 감각기억에 매우 짧은 시간 동안 정확하게 청각적 이미지로 남아 있다. 그림에서 눈으로 향한 화살표는 눈에 그림이 등록되었음을 뜻한다. 문자에서 귀로 향한 화살표는 귀에 말로 표현된 글자가 등록되었음을 뜻하고, 문자에서 눈으로 향한 화살표는 눈에 인쇄된 글자가 등록되었음을 뜻한다.

Mayer(2009)의 멀티미디어 인지 이론(cognitive theory of multi media learning)의 세 가지 가정에서 첫 번째는, 사람은 시각 및 청각 정보를 처리하기 위하여 분리된 채널을 가지고 있다는 '이중 채널'에 대한 가정이고, 두 번째는 이 두 채널에서 한 번에 처리할 수 있는 용량은 제한되어 있다는 '용량 제한'에 대한 가정이다. 마지막으로 세 번째는 인간은 외부에서 들어오는 여러 정보 중 감각기억에서 관련된 정보를 주의 집중해서 선택하고, 작업기억에서 선택된 정보를 종합적인 정신적 표상으로 조직화한다는 것이다. 그리고 이 정신적 표상을 장기기억 저장고에 있는 지식과 통합함으로써 능동적 학습에 참여한다는 '능동적 처리' 가정이다.

〈표 1〉 멀티미디어 인지 이론의 세 가지 가정

가정	설명	관련 연구
이중 채널	인간은 시각 및 청각 정보를 처리하기 위하여 분리된 채널을 가지고 있다.	Paivio, 1986 Baddley, 1992
용량 제한	인간은 한 채널에서 한 번에 처리할 수 있는 정보의 양이 제한되어 있다.	Baddley, 1992 Chandler & Sweller, 1991
능동적 처리	인간은 외부에서 들어오는 여러 정보 중 감각기억에서 관련된 정보에 주의 집중하고, 이에 작업기억에서 선택된 정보를 종합적인 정신적 표상으로 조직화하고, 이 정신적 표상을 장기기억 저장고에 있는 지식과 통합함으로써 능동적 학습에 참여한다.	Mayer, 2008a Wittrock, 1989

이와 관련하여 Mayer(2003)는 학습자의 의미 있는 학습을 위한 효율적인 방법으로서 멀티미디어 학습의 효과에 대한 다각적인 시도를 보여 주기도 했다. 인지 이론은 뇌는 단어, 그림 및 청각 정보가 멀티미디어로 표현된 것을 따로따로 해석하지 않고 오히려 이 요소들이 통합된 논리적 심상을 만들어내기 위해 역동적으로 선택하고 조직화한다는 것을 보여 준다. 따라서 다양한 감각을 활용한 학습을 할 때 단일 감각을 활용할 때보다 그 학습 효과가 높게 나타난다는 것이다.

이 책에서는 학습자의 한국어 멀티리터러시 교육을 위하여 영상 미디어 매체 가운데 TV 드라마를 활용한다. 드라마는 이야기 구조를 가지고 있어서 학습자들이 전체적인 내용을 이해하는 데에 어려움이 적고, 일상적인 삶과 생활을 소재로 다양한 사회 계층의 삶과 생활을 간접적으로 자연스럽게 접할 수 있어서 자연스러운 언어생활과 인간관계 등을 학습할 수 있다. 텍스트로는 학습하기 어려운 구어체와 문어체의 실질적 차이점을 이해할 수 있고, 반복적인 노출에 의해 익숙해지면서 실생활에서 어떻게 활용하는지에 대해 습득하게 된다. 이 과정에서 학습자는 드라마의 장면들을 장기기억 저장고에 있는 지식과 통합함으로써 능동적으로 학습에 참여하게 되는 것이다. 또한 드라마에서 다루는 내용들은 시대에 따른 한국의 역사, 문화, 가치관, 시사점, 문화적 요소 등을 총체적으로 반영하고 있어서 한국 전통문화와 현대 문화를 모두 간접적으로 경험하고 이해하는 교재로서 활용할 수 있다. 드라마에서 나오는 어휘와 구어 표현의 확장, 대화의 숨은 뜻 파악, 자국 문화와의 비교를 하위요인으로 정한다. 등장인물들의 대사에 나타난 어휘 및 구어체 문장에서 문화적인 요소를 찾아 설명하고, 비표준어나 방언 등에 대해서도 간접적 경험의 효과를 활용하여 실생활에서 접하였을 때 상황을 올바로 이해할 수 있도록 돕는다. 관용적 표현은 사전적 의미와 다른 문화적 이해가 필요하며, 비언어적 행위, 즉 표정, 몸짓, 반응 등은 생활 현장의 경험을 통해 습득하게 되는데, 드라마를 통해 간접적으로 경험하고 이해하는 것은 매우 유용한 효과가 될 수 있다.

소그룹 활동으로 극 전개 중 나타나는 갈등이나 형식적인 요소에서 자국 문화와의 차이를 소개하도록 하고, 극의 주제나 등장인물들의 관계, 성격, 드라마 내용에서 나타나는 윤리관이나 가치관, 시사점, 문화적 요소 등에 대한 주제를 선정하여 다양한 토론을 하고 결론을 그룹별로 발표할 수 있다.

그 결과는 학습자들의 한국인들의 사고방식 이해와 그에 따른 실제적 의사소통 능력 증진으로 나타나게 될 것이다. 젊은 학생들이 흥미를 갖고 쉽게 접근할 수 있는 드라마 매체를 사용하여 자연스럽게 언어활동의 전반적인 모습을 학습자에게 제공하며, 통제된 환경 속에서 학습자가 살아 있는 언어를 경험할 수 있는 기회를 제공함으로써 언어 감각을 증진시키는 것이다.

언어 교육에서 영상 미디어 콘텐츠를 활용할 때에는 몇 가지 고려해야 할 것들이 있다. 영상 자료의 시각 지원도, 화면과 음질의 선명도, 목표어의 밀도, 학습자의 학습 수준 등을 고려하여 자료를 선택해야 한다. 언어교육의 목적은 자연스러운 의사소통 능력의 향상이다. 효과적인 언어 교육을 위해서는 어휘와 문법의 효과적인 이해 과정과 자연스러운 습득, 이와 같이 습득한 어휘와 표현을 실제 생활에서 상황에 맞도록 자연스럽게 구사하는 능력을 기를 수 있도록 도움을 주어야 한다.

III

멀티리터러시 교육
프로그램을 위한
연구 방법

본 장에서 외국인 학습자를 대상으로 드라마를 활용한 한국어 멀티리터러시 향상을 위한 교육 프로그램을 개발함에 있어 효율적이고 타당성 있는 효과를 검증하기 위한 연구 대상과 연구 설계 및 자료의 수집과 분석 방법은 다음과 같다.

1. 연구에 참여한 학습자들

이 책에서 소개하는 멀티리터러시 교육 프로그램에 참여한 대상은 충남 ○○시에 소재한 H대학교에 재학 중인 외국인 유학생 108명이다. 연구에 참여한 학습자들은 드라마 수업에 참여한 학생 60명과 같은 전공, 국적으로 구성된 통제 집단 48명으로 구성되었으며, 학부 과정 유학생들로 각각 몽골, 베트남, 중국 등 8개국에서 온 19-25세까지의 학생들이다. 총 108명의 학생들이 16주간 진행된 각각의 수업에 참여했다.[1] 실험 집단과 통제 집단은 모두 2017년 2학기 '교양 한국어' 과목의 수업 신청자들로 여학생과 남학생의 비율은 실험 집단의 경우 28:32로, 통제 집단은 21:27로 구성되

---

1) 본 연구는 2017년 8월 24일부터 2017년 12월 21일까지 실시했다.

었다. 이들에게는 사전에 연구의 개요 및 목적을 충분히 설명하고 연구 참여의 동의를 얻은 후 연구를 실시했다. 구체적인 연구 대상의 일반적 특성은 다음과 같다.

〈표 2〉 연구 대상의 일반적 특성

국적	집단	성별	TOPIK	거주기간	기타
중국	실험	남 10명 여 13명	2급 4명 3급 16명 4급 이상 3명	1-2년 미만: 11명 2-3년 미만: 10명 4년 이상: 2명	23
	통제	남 9명 여 10명	2급 7명 3급 11명 4급 이상 1명	1-2년 미만: 8명 2-3년 미만: 7명 3-4년 미만: 3명 4년 이상: 1명	19
몽골	실험	남 9명 여 7명	2급 3명 3급 10명 4급 이상 3명	1-2년 미만: 3명 2-3년 미만: 7명 3-4년 미만: 6명	16
	통제	남 6명 여 8명	2급 3명 3급 9명 4급 이상 2명	1-2년 미만: 4명 2-3년 미만: 9명 4년 이상: 1명	14
베트남	실험	남 4명 여 6명	2급 3명 3급 7명	1-2년 미만: 2명 2-3년 미만: 6명 3-4년 미만: 2명	10
	통제	남 5명 여 4명	3급 8명 4급 1명	1-2년 미만: 2명 2-3년 미만: 6명 3-4년 미만: 1명	9
방글라데시	실험	남 4명	2급 1명 3급 3명	1-2년 미만: 1명 2-3년 미만: 3명	4
	통제	-	-		-
일본	실험	남 1명	3급 3명	1년 미만: 2명	3

국적	집단	성별	TOPIK	거주기간	기타
		여 2명		2-3년 미만: 1명	
	통제	여 2명	3급 2명	2-3년 미만: 2명	2
파키스탄	실험	남 2명	2급 1명 3급 1명	2-3년 미만: 1명 4년 이상: 1명	2
	통제	-	-		-
남아프리카 공화국	실험	남 1명	2급 1명	2-3년 미만: 1명	1
	통제	-	-		-
스리랑카	실험	남 1명	3급 1명	1-2년 미만: 1명	1
	통제	남 2명	2급 1명 3급 1명	1-2년 미만: 1명 2-3년 미만: 1명	2
대만	실험	-	-		-
	통제	여 1명	4급 1명	1-2년 미만: 1명	1
타지키스탄	실험	-	-		-
	통제	남 1명	4급 1명	1-2년 미만: 1명	1
합계 (총 108명)	실험	남 32명 여 28명	2급 13명 3급 41명 4급 이상 6명	1-2년 미만: 20명 2-3년 미만: 29명 3-4년 미만: 8명 4년 이상: 3명	60명
	통제	남 23명 여 25명	2급 11명 3급 31명 4급 이상 6명	1-2년 미만: 17명 2-3년 미만: 25명 3-4년 미만: 4명 4년 이상: 2명	48명

　이와 별도로 프로그램 참여자 가운데 각 국가별, 수준별로 대표성을 띠는 9명의 학생을 대상자로 선정하여 프로그램 참여 경험에 대한 인터뷰를 진행했다. 이 연구에 참여한 학생들에게는 연구 참여 동의를 받았으며, 참여자의 구체적인 특성은 다음과 같다.

<표 3> 심층 인터뷰 대상자

	국적	전공/학년	거주 기간	TOPIK
A	방글라데시	국제관계/4	4년	3급
B	몽골	항공교통/3	3년	3급
C	일본	영상애니메이션/1	1년	2급
D	중국	실용음악/3	4년	4급
E	파키스탄	항공교통물류/1	1년	2급
F	베트남	글로벌언어협력/1	1년	5급
G	중국	글로벌언어협력/2	3년	3급
H	스리랑카	항공기계/4	4년	4급
I	베트남	호텔관광/2	2년	3급

9명의 인터뷰 대상자의 구체적 특성은 다음과 같다.

1. A는 방글라데시에서 온 남학생이고 나이는 23세, 국제관계학과 4학년이다. 적십자 장학생으로 선발되어 한국에 왔다. 한국 영화를 좋아해서 한국어를 배우기 시작하였으며 졸업 후에 국제기구에서 일하고 싶어 한다. 1주일에 6시간의 한국어 수업을 듣는다.

2. B는 몽골에서 온 여학생이고 나이는 22세이며 항공교통학과 3학년이다. 졸업 후 항공 관제사가 되기 위해 한국에 왔고, K-pop과 BTS(방탄소년단)를 좋아한다. 1주일에 4시간의 한국어 수업을 듣는다.

3. C는 일본에서 온 여학생이고 나이는 20세이며 영상애니메이션학과 1학년이다. 현재는 토픽 2급이며 졸업 후 게임 그래픽 디자이너가 되고 싶어 한다. 일본에서 밴드 활동을 하며 한국어를 공부하기 시작했다. K-pop을 좋아한다. 1주일에 8시간의 한국어 수업을 듣는다.

4. D는 중국에서 온 남학생이고, 나이는 25세, 한국어 발음이 좋은 편이다. 실용음악과 3학년이며 토픽 4급이다. 한국에 온 지 4년이 되었고 진로는 아직 확정하지 못하였으며 1주일에 6시간의 한국어 수업을 듣는다.

5. E는 파키스탄에서 온 남학생이고 항공교통물류학과 1학년이다. 한국에 온 지 1년이 되었고, 졸업 후에 항공 관제사가 되고 싶어 한다. 한국 드라마를 좋아해서 파키스탄에 있을 때부터 K-드라마를 즐겨 보았다. 1주일에 4시간의 한국어 수업을 듣는다.

6. F는 베트남에서 온 여학생이고, 나이는 21세이며 글로벌언어협력학과 1학년이다. 한국에 온 지 1년이 되었고, 졸업 후에 연예기획사에서 베트남과 중국 관련 업무를 하고 싶어 한다.

TOPIK 5급이며 중국어 공부도 함께 하고 있다. 한국 K-pop과 드라마를 좋아하며 1주일에 6시간의 한국어 수업을 듣는다.

7. G는 글로벌 언어협력학과 2학년이다. 중국에서부터 K-pop을 좋아하였고, 빅뱅과 아이유를 특히 좋아한다. 한국어뿐만 아니라 영어에도 관심이 있으며, 졸업 후에 통번역사가 되고 싶어 한다. 1주일에 8시간의 한국어 수업을 듣고 있다.

8. H는 스리랑카에서 온 남학생이다. 항공기계학과 4학년이며 졸업 후 대학원에 진학하려고 한다. 1주일에 4시간의 한국어 수업을

듣고 있고, 항공기 정비사가 되고 싶어서 항공기계학과에 진학했다. 기숙사에 거주하고 있기 때문에 TV를 거의 안 보며 편의점에서 야간 아르바이트를 하고 있다.

9. I는 베트남에서 온 여학생이다. 한국에 온 지 2년 되었다. 호텔관광학과 2학년이다. 가장 기억에 남는 드라마가 어린 시절에 베트남에서 본 한국 드라마 〈겨울연가〉였으며, 지금도 한국 드라마를 열심히 보는 편이다. 한국인 룸메이트와 기숙사를 함께 쓰면서 한국어가 많이 늘었다. 졸업 후 호텔에서 일하고 싶어 한다.

2. 학습 흥미도, 자신감, 참여도를 검증하는 방법

이 책에서 멀티리터러시 교육의 효과를 확인하기 위한 실험은 외국인 학부 유학생들을 대상으로 필수 교양과목으로 개설된 한국어 과목을 수강하는 두 개의 반 학습자들을 대상으로 진행되었으며, 각각의 집단 내 학생들은 국적과 전공, 한국어 능력에 있어 거의 유사한 비율을 이루고 있는 집단이다. 이 연구의 과정에서 사용한 실험 설계는 실험 집단과 통제 집단의 사전·사후 비교법을 적용하는 사전-사후 통제 집단 설계(pretest-posttest control group design)를 사용했다. 통제 집단에는 교재 등을 활용한 전통적 면대면 프로그램을, 실험 집단에는 드라마 등의 영상 매체를 활용한 한국어 멀티리터러시 교육 프로그램을 16주 실험 기간 동안 적용했다. 실험이 끝난 후 평가와 설문을 실시하여 각 집단의 한국어 능력과 학습자들의 흥미도, 자신감, 참여도 등을 조사하였으며 실험 설계는 다음 〈표 4〉와 같다.

〈표 4〉 사전-사후 통제집단 설계

	사전 조사	중재	사후 조사 (중재 직후)
통제 집단	C_1	X_1	C_2
실험 집단	E_1	X_2	E_2

E_1, C_1 : 사전 조사(일반적 특성, 한국어 능력, 흥미도, 자신감, 참여도 조사)

E_2, C_2 : 사후 조사(한국어 능력, 흥미도, 자신감, 참여도 조사)

X_1 : 전통적 프로그램 중재

X_2 : 멀티리터러시 프로그램 중재

3. 자료 수집을 위한 도구들

1) 한국어 능력 검사 도구

이 실험에서는 드라마를 활용한 한국어 교육 프로그램이 참가자들의 한국어 능력 향상에 미치는 효과를 확인하기 위하여 한국어능력시험(TOPIK: Test Of Proficiency In Korean)[2]과 같은 형식의 모의 TOPIK 듣기/읽기 문항 50문항을 채택하여 검사 도구로 사용했다.[3] 연구를 위해서 평가에 사용된 문항들은 실제로 교육부 국립

---

[2] 한국어 능력시험(Test Of Proficiency In Korean): TOPIK은 한국어를 모어로 하지 않는 외국인과 재외동포의 한국어 능력을 평가하는 시험으로 영어의 TOEFL과 같은 성격을 가진 평가도구이다. 1997년 제1회 시험을 시작으로, 한국어를 모어로 하지 않는 재외동포·외국인의 한국어 학습 방향 제시 및 한국어 보급을 확대하고, 한국어 사용능력을 측정·평가하여 그 결과를 국내 대학 유학 및 취업 등에 활용하기 위하여 실시하는 평가 도구. 2014년 7월 20일 개편되어 현재까지 사용 중인 평가 기준 수록. http://www.topik.go.kr/

국제교육원에서 실시하는 TOPIK Ⅱ와 동일한 형식과 방식으로 구성하였으며, 사용된 평가 문항은 본 연구에 참여한 현장 전문가 교사들의 동의를 얻어 선정했다. TOPIK 기출문제는 학습자들이 이미 시험을 보았을 가능성이 있어서, 교재에 수록된 문제 역시 이미 공부하였을 가능성이 있어서 배제했다. 따라서 기출문제와 교재의 모의 문항들을 형식에 맞게 수정하여 취합한 후 전문가 교사들의 동의를 얻어 재편집하여 사용했다. 사후 평가는 TOPIK 듣기/읽기 문항에 두 집단 모두에게 동일하게 적용된 교수 내용 가운데 어휘·문화 이해 항목을 더하여 프로그램 사전·사후 각각 듣기/읽기 50문항을 사용했다.

2) 학습 흥미도, 학습 자신감, 학습 참여도를 측정하는 도구

본 연구에서 프로그램 참여자의 한국어 학습 흥미도, 학습 자신감, 학습 참여도를 알아보기 위하여 사용한 설문지는 Oxford & Crookall(1989)이 제시한 Research on language learning strategies를 기초로 하고 김영희(2013), 안미리(2011), 정혜진(2001)의 연구를 참조했다. 이들은 미국 드라마를 활용한 영어 교육이 한국인 학습자들의 듣기 능력과 정의적 요인에 미치는 영향에 대하여 연구하였는데, 본 연구에서는 실험 대상인 국내 외국인 학습자들의 목적

---

3) 외국인 유학생들은 대학 정규 학위과정의 유학을 희망할 경우 일반적으로 3급 이상의 TOPIK 성적을 확보해야 하며, 졸업 전까지 4급 이상을 취득해야 졸업이 가능하다(전문대학 제외). 2014년 이후 응시자의 수준에 따라 TOPIK-Ⅰ과 TOPIK-Ⅱ로 구분하여 실시하며, TOPIK-Ⅰ은 읽기 40문항과 듣기 30문항으로 총점 200점으로 구성된다. TOPIK-Ⅱ는 읽기 50문항과 듣기 50문항, 쓰기 4문항으로 구성되어 있으며 총점 300점, 획득한 총 점수에 따른 인정 등급 판정으로 1-6급으로 나뉜다.

에 맞게 질문을 수정·보완하여 사용했다. 본 연구에서 사용된 설문지 문항 구성은 학습자의 배경에 대한 질문 6문항, 학습흥미도 10문항, 학습참여도 10문항, 학습자 자신감에 대한 문항 10문항 등 총 36문항으로 구성되었으며 각 문항은 리커트 5점 척도(전혀 그렇지 않다=1, 다소 그렇지 않다=2, 보통이다=3, 다소 그렇다=4, 매우 그렇다=5)로 표시했다. 구체적인 설문지 구성과 하위 요인 및 신뢰도는 다음 〈표 5〉와 같다.

〈표 5〉 설문지 요인별 문항 및 항목별 신뢰도

영역		문항 및 관련 요소	문항 수	신뢰도 (Cronbach's α)
개인적 특성		1-국적 2-성별 3-학년 4-체류기간 5-TOPIK급수 6-학습시간 7-목적	7	·
수업에 대한 생각과 학습 만족도	학습 흥미도	1,2,3,4,5,6,7,8,9,10	10	.752
	학습 참여도	11,12,13,14,15,16,17,18,19,20	10	.754
	학 습 자 자 신감	21,22,23,24,25,26,27,28,29,30	10	.798
전체			37	.832

3) 인터뷰(Interview)

이 책에서는 멀티리터러시 교육 프로그램을 실시하여 얻어진 통계적인 수치에 따른 효과 분석과 별도로 프로그램 참여자들의 프로그램 참여 경험을 보다 심층적으로 이해하기 위한 도구로서 인터뷰(interview)를 실시했다. 드라마를 활용한 한국어 교육 프로그램이 참가자들의 한국어 멀티리터러시 능력에 어떠한 영향을 미쳤는지, 그들의 의미와 경험, 그리고 견해를 귀납적 방법을 통하여 분석하고자 하였기 때문이다. 따라서 학생들과의 개별 인터뷰를 실시하여 드라마 수업에 참여한 외국인 학생들이 구체적으로 무엇을 경험하였는지에 대해 자세히 알아보고자 하였으며, 인터뷰는 연구의 효율성을 위하여 사전에 연구자가 목적에 맞게 인터뷰의 내용과 방향을 설정하는 반구조적 인터뷰 방식을 적용했다. 인터뷰는 각 질문마다 측정 목표를 설정하여 진행했다. 인터뷰는 개별 인터뷰와 집단 인터뷰 방식을 병행하였고 연구 참여자에게 편안한 시간과 장소에서 진행되었다. 각각의 인터뷰는 짧게는 30분에서 길게는 80분가량 진행되었으며 모든 인터뷰 내용은 녹음 후 인터뷰가 끝난 직후 그 내용을 컴퓨터에 전사하여 분석에 활용했다. 분석 과정에서 추가 질문이 생성되거나 의미가 불분명한 내용에 대해서는 개별적으로 다시 질문하기도 했다. 이 밖에 공식적 인터뷰 이외에 문자나 SNS, 전화 및 이메일, LMS[4] 등을 통하여 비공식적·간접적 인터뷰를 병행했다.

---

4) LMS(learning management system) 학습 관리 시스템. 온라인으로 학생들의 성적과 진도, 출석 등을 관리해 주는 학사관리 운영 플랫폼.

4. 자료 분석과 타당도

1) 설문지 분석

설문 조사(Survey)란 미리 구조화되어 있는 설문 형식을 통하여 사회현상에 관한 자료를 수집하고 분석하는 연구 방법이다. 이 연구에서 설문지의 목적은 연구 대상자들의 일반적 특성과 학습적 요인, 한국어 수업에 대한 생각과 사전·사후 인식 및 태도 변화에 대한 설문 응답을 통하여 정보를 구하고 통계적으로 변화를 확인하는 데 있다. 필자는 연구 대상자들의 응답을 수집하여 자료를 처리하는 데 SPSS(Statistic Package for Social Science) 20.0 for window를 사용하여 분석하였으며 구체적인 내용은 다음과 같다.

① 프로그램 참여자의 학년, 성별 등의 일반적인 특성은 기술 통계를 실시했다.
② 프로그램 실시 전 실험 집단과 통제 집단 간 연구 문제에 따른 측정 요인별 동질성 검사를 위한 t 검증을 실시했다.
③ 프로그램 실시 후 실험 집단과 통제 집단 간 연구 문제에 따른 측정 요인별 차이 검사를 위한 t 검증을 실시했다.
④ 모든 통계적 유의 수준은 5%로 설정했다.

2) 인터뷰 자료의 분석

이 연구에서의 자료 분석은 질적 연구에서 일반적으로 가장 많이 사용되는 Colaizzi(1978)가 제시한 현상학적 접근 방법을 근거로, 단계를 세분화하여 분석했다. Colaizzi(1978)의 방법을 적용한 본 연구의 자료 분석 과정은 다음과 같다.

첫째, 연구자는 연구 참여자의 프로그램 참여 경험에 대한 개인 심층 면담을 통해 녹음한 후 이를 필사했다. 그리고 참여자의 진술에 대한 대략적인 의미를 파악하기 위하여 필사한 내용을 반복해서 읽었다.

둘째, 개별적인 자료를 하나씩 다시 검토하면서 연구 참여자의 프로그램 참여 경험을 나타내는 현상과 직접적으로 관계가 있는 구, 문장으로부터 의미 있는 진술을 추출했다.

셋째, 추출한 문장의 진술들을 연구자의 언어로 재진술하여 의미를 구성하고, 참여자들이 암묵적으로 의미하고 있는 것이 무엇인지 발견하기 위하여 노력했다.

넷째, 추출한 의미 있는 진술과 재진술로부터 구성된 의미를 다시 한번 검토한 후, 의미 있는 진술과 재진술로부터 구성된 의미를 끌어내었다. 도출된 의미를 주제 묶음으로 정리하고, 주제 묶음을 비슷한 것끼리 모아 좀 더 일반적이고 추상적인 주제로 구성했다.

다섯째, 분석한 내용들을 토대로 포괄적인 기술을 한 후, 연구 주제의 근본 구조를 확인할 수 있도록 명료하게 기술했다.

3) 질적 자료 분석의 타당성

이 책에서는 본 연구의 질적 분석의 타당도를 확보하기 위해서 심층 면담과 심층 기술, 연구 참여자의 진술 및 각종 문서 등 자료의 출처를 다양화한 삼각법5)(triangulation from multiple data

---

5) 삼각법(triangulation): 이 용어는 D. T. Campbell에 의해 만들어진 것으로, 자료의 두 독립적 요인에 의해 확증되는 명제는 단일한 요인에 의해 확증되는 것보다 더 신뢰성이 있다고 주장한다. 만약 명제가 단일한 하나의 측정이 아닌 몇 개의 불완전한 측정의 검토라 하더라도, 이때

sources), 연구 참여자에 의한 연구 결과의 검토와 평가(member checking), 동료 간의 협의와 비평(peer debriefing) 등을 이용했다.

첫째, 장기간에 걸쳐 자료를 수집하며 반복적인 면담과 관찰을 하는 것으로, 연구 결과의 타당도를 높일 수 있다. 지속적인 면담과 관찰은 연구 참여자와 연구자를 더욱 친밀한 관계로 이끌고 연구 참여자들이 허심탄회하게 모든 것을 이야기할 수 있게 되어 타당성 있는 결과를 도출할 수 있다. 이는 잘못된 정보, 왜곡, 혹은 피상적 연구 결과를 막을 수 있으며 연구의 깊이를 한층 더 높일 수 있는 방법이다.

둘째, 삼각법(Triangulation)은 연구 대상에 대한 각종 자료(참여 관찰, 심층 면담, 문서 자료)들을 수집하여 통합적으로 분석함으로써 한 가지 방법만의 분석으로부터 야기될 수 있는 연구 자료 해석의 결점과 판단들을 보완하고자 하는 방법이다. 연구자는 연구 방법에서 참여 관찰과 면담, 문서 자료 등의 다양한 자료 수집으로 얻은 연구 결과를 다양한 이론을 적용하여 해석했다.

셋째, 연구 참여자에 의한 연구 결과의 검토와 평가(member checking)는 연구 참여자들과 함께 가설, 데이터, 초기 범주들을 검증해 가는 기법이다. 이 과정은 연구자가 도출한 결론이 올바른지에 대해 연구 참여자들에게 확인하는 절차로서 타당도를 높이기 위

이 명제에 대한 해석의 불확실성은 줄어든다. 현재 삼각법은 특정 문제를 조사하기 위하여 한 가지 이상의 방법을 사용하는 것을 말할 때 사용되며, 이 삼각법은 Webb의 공개적인 측정에 대한 옹호와 사회학적 자료의 근원으로서의 면접과 질문지에 대한 비판과 연관되어 있다. 사회과학에서 많은 확증을 얻기 위한 노력은 실망과 여러 가지 문제점을 가지고 있다. 다양한 방법을 통한 확증의 생각은 다른 분과 학문에서도 폭넓게 사용되는 단순한 방법이지만, 그 효력의 난점은 사회적 측정에서 타당성을 획득하는 어려움에 있다(고영복, 2000).

한 가장 중요한 과정이다. 이러한 과정은 자료 수집과 분석 단계에서 계속적으로 일어나고 연구 과정에서 반복된다.

　넷째, 동료 간의 협의와 비평(peer debriefing)은 연구자가 연구 자료 해석의 결점과 판단 오류를 줄이고자 외부 동료의 조언을 연구 과정에 포함했다.6)

---

6) 교육에서 'debriefing'은 자신들이 교육 기간 동안에 경험한 것들과 향후 활동 계획을 진행 촉진 자(facilitator), 평가자 혹은 다른 연수자와 질의응답을 통해 정리하는 과정을 의미하며, 본고에 서는 'peer debriefing'을 동료 간 협의와 비평으로 정의했다.

IV

한국어 멀티리터러시 교육 프로그램의 개발

1. 프로그램의 개발 절차[1]

프로그램의 개발 절차는 1단계「목적과 목표 수립」, 2단계「프로그램 구성」, 3단계「예비연구」, 4단계「프로그램 실시 및 평가」로 구성하였다.

〈그림 11〉 한국어 멀티리터러시 교육 프로그램 개발 절차

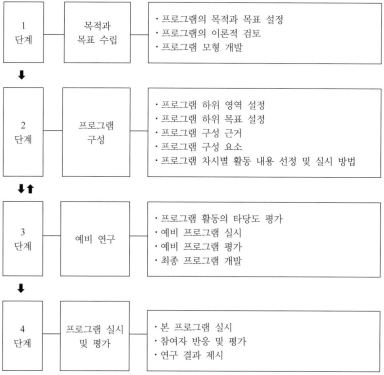

1단계 — 목적과 목표 수립
- 프로그램의 목적과 목표 설정
- 프로그램의 이론적 검토
- 프로그램 모형 개발

2단계 — 프로그램 구성
- 프로그램 하위 영역 설정
- 프로그램 하위 목표 설정
- 프로그램 구성 근거
- 프로그램 구성 요소
- 프로그램 차시별 활동 내용 선정 및 실시 방법

3단계 — 예비 연구
- 프로그램 활동의 타당도 평가
- 예비 프로그램 실시
- 예비 프로그램 평가
- 최종 프로그램 개발

4단계 — 프로그램 실시 및 평가
- 본 프로그램 실시
- 참여자 반응 및 평가
- 연구 결과 제시

---

1) 이 책에서 제시하는 프로그램의 개발은 김소영(2014)의 '다문화 배경 학생을 대상으로 한 학습 한국어 교육 프로그램 개발 절차'를 참조하였으며 프로그램의 단계별 개발 절차는 <그림 11>과 같다.

1) 1단계: 목적과 목표 수립

(1) 프로그램의 목적과 목표 설정

본 연구에서 제안하는 외국 학습자의 한국어 멀티리터러시 능력 향상을 위한 프로그램의 목적은 한국어 학습자로 하여금 변화하는 매체 환경에서 만나게 되는 한국 관련 복합매체 텍스트를 이해하고 이를 통해 한국의 문화와 전통, 삶에 근접한 경험을 제공하는 데 있다. 이러한 경험은 궁극적으로 한국어 활용 능력을 높이는 데 필요한 듣기와 읽기, 지속적인 한국어 학습에 대한 흥미와 참여 및 자신감에도 구체적인 영향을 줄 것이다. 본 연구의 프로그램 목적을 달성하기 위한 구체적인 목표는 다음과 같다.

첫째, 학습자가 멀티리터러시(multiliteracy)를 통하여 한국어와 한국 문화를 이해하고 적용할 수 있도록 한다. 오늘날 언어 능력의 개념은 텍스트를 기반으로 한 형식적 언어 지식을 넘어 효과적이고 자연스러운 의사소통을 할 수 있는 능력, 즉 언어 사용의 '사회적 적절성(social appropriateness)'에 대한 '의사소통 능력'까지를 포함하는 것으로 이해되고 있다.

Hymes(1971: 277-278)에 따르면 의사소통 능력이란, '언제 말하면 되고, 언제 말해서는 안 되는지, 그리고 누구와 어디에서 어떤 방식으로, 무엇에 대해 말해야 하는지에 관한 능력'이다. 따라서 목표 문화에 대한 진정한 이해와 통찰이 없는 목표어의 규칙에 대한 학습은 불완전한 언어 학습에 그칠 뿐이라고 말하고 있다. 왕효성 (2010)은 사람들이 실제로 일상에서 듣게 되는 소리는 중복 발화, 순서 없는 끼어듦, 생략, 축약, 머뭇거림과 비문법적 요소, 관용어, 방언, 간접표현 등의 여러 가지 요소들이 있는데, 전통적인 한국어 교육에서는 이러한 요소들을 배제한 채 교육을 하기 때문에 학습자들은 교실에서 배운 것을 실제 생활에 적용하기가 어렵고 실제 의사소통 상황에서 쉽게 좌절하게 된다고 보았다. 이러한 언어 능력에 대한 복합적인 개념은 멀티리터러시 교육의 필요성을 잘 설명해 준다. 따라서 시각, 청각, 공간적 상황 이해를 기반으로 실제 한국어 구어의 특성, 문자 언어와 음성 언어의 차이가 드라마 시청을 통하여 자연스럽게 습득되고, 이를 실생활에 적용할 수 있게 되는 것이다.

둘째, 학습자가 목표어의 정확한 문법적 기능을 이해하고 적용하도록 한다. 강현화(2006)에서는 한국어 교육은 한국어에 대한 배경 지식과 직관이 없는 외국인을 대상으로 한국어에 대한 추상적인 지식이 아닌, 각 문법 형태들의 구체적인 의미와 음운·형태·통사·화용적 기능을 제시하여 한국어에 대한 의사소통을 원활하게 돕는 규칙 체계라고 밝히고 있다. 외국인 학습자에게 있어서 문법 학습의 목표는 자연스러운 의사소통이며, 유창성에만 몰두한 의사소통 중심 교육이 결과적으로는 언어 사용의 정확성이 결핍되고 고급 수준의 언어 능력으로 향상되지 못한다는 한계를 나타내기 때문에 목표어의 정확한 문법적 기능을 이해하고 적용하는 것은 매우 중요한 것이다.

셋째, 학습자가 영상 자료를 활용함으로써 한국어 학습의 흥미와 동기를 갖게 되어 지속적인 학습을 할 수 있도록 유도한다. 송재란(2018)의 연구에 따르면, 한국어 교육 현장에서 교사들이 가장 많이 사용하고 있는 수업 방식은 '학습 지도 강의', '묻고 답하기'였고, 반면에 학습자들이 선호하는 수업 방식은 '묻고 답하기', '시청각 자료 활용' 순이었다. 학습자들은 실제 수업에서 교사의 이론적인 체계 설명보다 학습자 스스로 참여하는 수업 방식을 희망하였고, 한국어를 중심으로 한 내용 수업보다는 학습자들의 문화를 비교한 상호 문화 이해의 방식을 선호했다. 학습 목표에서는 한국 드라마를 자막 없이 보고 싶다거나 K-pop을 보고 듣고 이해하고 싶다는 바람 등이 우선순위를 차지하였는데, 이와 같은 학습자의 요구는 한국어 학습의 흥미와 동기 유발의 필요성을 보여 주는 결과라고 할 수 있다.[2] 현재 대학에서 한국어를 공부하는 외국인 학습자의 대다수가 문자보다는 디지털 기기 등을 통한 영상을 통해서 정보를 얻는 것을 훨씬 친근하게 여기는 '영상 세대[3](Multimedia generation)'(김유정, 1999)라는 점을 생각할 때, 영상 매체는 과거에 수동적으로 교재를 통한 문화 학습을 하던 학습자들의 흥미와 참여를 높이고, 실제적인 의사소통 능력을 향상시키는 데 유용한 교육 자료라고 할 수 있다.

(2) 프로그램 개발을 위한 이론적 검토

프로그램 개발에서 문헌 고찰 및 선행 연구에 기초하여 관련 이

---

2) 송재란(2018)의 연구에서는 학습자들이 배우고 싶은 문화 항목으로 국내 집단과 국외 집단 모두 언어 예절(반말과 존댓말), 관용표현이나 비유표현 등을 들었으나 그 이외의 항목에서는 다소 차이가 있었는데, 국내 집단은 추가로 이름과 호칭을, 국외 집단은 한국의 지리 및 문화적 특징과 신조어 등에 대한 내용을 더 가르쳐야 한다고 응답해서 언어·문화 통합형 교수·학습 모형을 개발할 때 집단별로 항목의 비중을 가감할 필요가 있음을 시사했다.

3) 영상 세대(Multimedia Generation): 영상문화를 지향하는 세대. 디지털 환경을 자연스럽게 받아들이는 디지털 친화적 세대를 일컫는 N세대(Net Generation), 1980년을 전후해 태어났으며 컴퓨터, 인터넷, 스마트폰에 익숙하다는 의미에서 디지털 세대라고도 불린다. 컴퓨터와 인터넷에 매달리는 젊은이라는 뜻의 screenager와 함께 많이 사용됨.

론을 검토하고 이를 바탕으로 프로그램의 이론적 기초를 확립하는 것은 프로그램의 안정성을 위해 매우 중요하다. 이론은 새로운 프로그램 아이디어를 창출해 낼 수 있게 해 주며 행동을 설명하고 예언하고 통제할 수 있는 인과 모형을 제공하기 때문이다. 이 책에서 제시하고자 하는 프로그램은 Mayer(1992)의 멀티미디어 인지 이론에서 가정하는 시각 및 청각 정보, 기억 용량 제한, 정보 선택과 표상을 통한 장기기억 보존을 이론적 근거로 하고, 구체적인 학습 전략으로서 Chesterfield & Chesterfield(1985)가 제안한 외국어 학습 전략을 준용했다.

먼저, 이 연구에서 제시하고자 하는 매체 활용 언어 교육 프로그램 개발의 이론적 근거는 Mayer(2009)의 멀티미디어 학습 이론에 둔다.

Mayer(2009)의 멀티미디어 인지 이론(cognitive theory of multimedia learning)의 세 가지 가정에서 첫 번째는, 사람은 시각 및 청각 정보를 처리하기 위하여 분리된 채널을 가지고 있다는 이중 채널에 대한 가정이고, 두 번째는 이 두 채널에서 한 번에 처리할 수 있는 용량은 제한되어 있다는 용량 제한에 대한 가정이다. 마지막으로 세 번째는 인간은 외부에서 들어오는 여러 정보 중 감각기억에서 관련된 정보를 주의 집중해서 선택하고, 작업기억에서 선택된 정보를 종합적인 정신적 표상으로 조직화한다는 것이다. 그리고 이 정신적 표상을 장기기억 저장고에 있는 지식과 통합함으로써 능동적 학습에 참여한다는 능동적 처리 가정이다. 이와 관련하여 Mayer(2003)는 학습자의 의미 있는 학습을 위한 효율적인 방법으로서 멀티미디어 학습의 효과에 대한 다각적인 시도를 보여 주기도 했다.

인지 이론은 뇌는 단어, 그림 및 청각 정보가 멀티미디어로 표현된 것을 따로따로 해석하지 않고 오히려 이 요소들이 통합된 논리적 심상을 만들어내기 위해 역동적으로 선택하고 조직화한다는 것을 보여 준다. 따라서 다양한 감각을 활용한 학습을 할 때 단일 감각을 활용할 때보다 그 학습 효과가 높게 나타난다는 것이다.

Mayer(1992)의 멀티미디어 학습 이론과 함께, 언어 교육에서 멀티미디어 활용이 학습 효과를 증가시킨다는 보고는 국내외 연구에서 다수 발견할 수 있다. Davison & Wright(1994)는 기존 교육과정에 멀티미디어 활동을 통합시킴으로써 주제 단원을 향상시킬 수 있다고 했다. 또한, 국내에서는 백영균(2015)의 연구에서 멀티미디어 교육의 효과에 대해 첫째, 학습 효율성의 증대를 가져오며, 둘째, 자신감과 동기 유발을 하고, 셋째, 비용의 절감을 가져오며, 넷째, 적극적 학습을 하도록 하고, 다섯째, 다양한 감각 양식을 활용한 교수가 가능하고, 여섯째, 탐색 활동을 촉진한다고 밝히고 있다.

이 연구에서 제시하고자 하는 매체 활용 언어 교육 프로그램의 학습 전략으로서는 Chesterfield & Chesterfield(1985)의 논의를 참고했다. 이 논의는 외국어를 학습할 때 학습자가 어떠한 전략을 사용하는지에 대한 관찰 결과로서 성공적인 학습 전략에 대한 구체적인 지침을 제공하고 있기 때문이다. 구체적인 내용은 〈표 6〉과 같다.

Chesterfield & Chesterfield(1985)의 연구는 미국의 초등학생들을 대상으로 실시되었는데, 연구 대상 어린이들을 멕시코계 미국인 취학 아동들과 초등학교 1학년으로 나누어 제2언어로서 영어를 학습할 때 어떤 전략을 사용하는지를 관찰하여 위의 표와 같이 열두 가지로 요약 정리했다(유주양, 2004). 이는 외국인 학습자들이 제2언어를 학습할 때 성공적으로 습득하는 학습자와 그렇지 못한 학습

〈표 6〉 Chesterfield & Chesterfield(1985)의 학습 전략 분류

전략	내용
반복	타인이 발화한 낱말, 구문과 결합한 낱말 등을 모방 및 반복함
암기	노래, 라임, 숫자 또는 관련된 개념을 기계적으로 암기함
공식적 표현	대화를 시작하거나 진행할 때 종종 사용되는 분석되지 않은 자동적인 발화 단위의 기능을 가진 낱말이나 구를 사용
언어적 관심 끌기	상호작용을 시작하기 위해 상대방의 관심을 끌기 위한 수단을 사용
일제 대답	다른 사람과 함께 큰 소리로 답하여 반응
스스로 말하기	지시받은 언어적 행동에 참여함으로써 목표어를 연습
상세화	상호작용을 위해 필요한 것 이상의 정보를 제공
예상 답변	예상 질문에 대한 응답을 위해 문맥에서 추측하거나 다른 문장 구조에 낱말, 구를 미리 삽입
점검	어휘, 문법 등에 나타나는 자신의 오류를 인식하고 수정
도움 요청	타인에게 정확한 용어나 구문, 문제 해결을 요청
명료화 요구	화자에게 앞 문장을 설명, 반복하도록 요청하여 목표어의 이해나 지식을 넓히려는 시도
역할극	타인의 역할이 되어 극화하는 것을 통해 다른 역할자와 상호작용하여 목표어를 자발적으로 연습

자들이 사용하는 전략은 차이가 있으며 이는 학습의 결과와 높은 상관관계가 있음을 시사하고 있다.

외국어 학습의 기본 기능을 위한 전략 이외에 드라마를 활용한 한국어 교육 프로그램 참여자들의 새로운 문식성 문제에 대하여는, 정혜승(2008)과 NCTE(2008)[4]의 연구를 바탕으로 멀티리터러시 교수 학습 방법에 대한 이론적 범주를 재개념화한 옥현진(2013)의 연구를 참조했다.

〈표 7〉 새로운 문식성의 주요 특징

범주	정혜승(2008)	NCTE(2008)
지역적 문식성	-사회적·문화적·역사적 맥락 속에서 텍스트를 해석하고 비판할 수 있는 사람 -소통 목적과 매체 특성을 고려하여 텍스트를 창의적으로 디자인하는 사람	-다른 이들과 긴밀한 관계를 형성한 가운데 문제를 제기하고 협력적·비교 문화적으로 문제를 해결한다. -전 세계 커뮤니티와 다양한 목적으로 만날 수 있도록 정보를 디자인하고 공유한다.
비판적 문식성 참여적 문식성	-텍스트 생산과 발표, 유통 등 소통 과정에 적극적으로 참여하는 사람 -자신의 텍스트 인식과 실천을 메타적으로 성찰하는 사람	-복잡한 문식 환경 속에서 꼭 필요한 윤리적 책임감을 갖춘다.
복합 양식 문식성	-자신과 세계를 매개하는 코드인 기호 자원을 풍부하게 가진 사람 -다양한 기호의 성격과 특성, 역할과 한계를 인식하는 사람 -기호를 능숙하게 다룰 수 있는 사람 -기호가 작용하는 양상을 정확하게 파악하고 비판적으로 인식하는 사람	-다양한 의사소통 도구에 숙달한다. -멀티미디어 텍스트를 만들고, 비판하고, 분석하고, 평가한다.

정혜승(2008)은 새로운 문식성의 지역적 특징으로 사회적·문화적·역사적 맥락 속에서 텍스트를 해석하고 비판할 수 있는 사람,

---

4) NCTE(National Council of Teachers of English, 2008): 21세기 문식성에 대한 미국영어교사협회의 견해.

소통 목적과 매체 특성을 고려하여 텍스트를 창의적으로 디자인하는 사람이라고 정의했다.

NCTE(2008)는 새로운 문식성의 특징에 대하여, 다른 이들과 긴밀한 관계를 형성한 가운데 문제를 제기하고 협력적·비교 문화적으로 문제를 해결하는 것, 그리고 전 세계 커뮤니티와 다양한 목적으로 만날 수 있도록 정보를 디자인하고 공유할 줄 아는 것이라고 정의했다. 본 연구의 한국어 멀티리터러시 교육 프로그램 참여자들은 한국으로 유학 온 외국인 유학생들로 구성되어 있다. 학습자들이 한국어로 소통을 하고 정보를 능숙하게 공유하기 위해서는 한국이라는 낯선 나라의 문화적 맥락 속에서 한국 사회를 이해해야 한다. 따라서 본 연구에서는 드라마를 활용한 한국어 멀티리터러시 교육 프로그램을 개발함에 있어 새로운 문식성의 주요 특징 가운데 지역적 문식성을 토대로 하여 본 연구의 단원 개발을 위한 기본 주제 설정의 이론적 토대로 삼았다.

(3) 프로그램의 모형

이 책에서 제안하는 멀티리터러시 한국어 교육 프로그램은 외국인 학생들에게 한국 드라마를 활용하여 살아 있는 언어와 다양한 문화적 요소들을 간접 경험할 수 있는 기회를 제공해 주어 일상생활 속에서 일어나는 다양한 의미 작용에 능동적이고 비판적으로 참여할 수 있는 능력을 향상시키고자 고안되었다. 이러한 프로그램 개발 목적과 목표를 구현하기 위해서는 수업 계획의 기본 방향을 설정하고 이를 구조화할 필요가 있다. 따라서 이 연구에서 제시하는 프로그램 실행의 근간이 되는 프로그램의 이론적 모형은 〈그림 12〉와 같다.

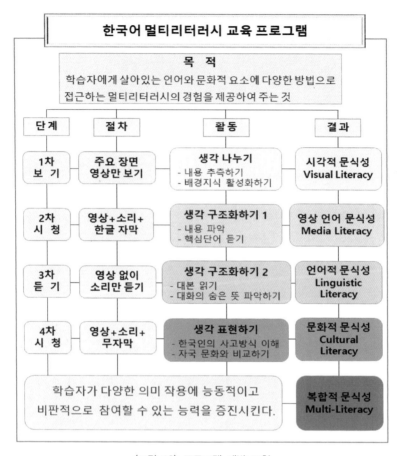

〈그림 12〉 프로그램 개발 모형

이 프로그램의 개발 모형을 단계적으로 살펴보면 보기-시청-듣기-시청의 과정을 통하여 시각적으로 보는 것에서 듣는 것으로 시각과 청각이라는 두 개의 통로를 통해 주어진 정보를 입력하고, 학습자의 배경지식을 활성화하여 일상생활과 관련된 한국어와 문화를 이해함으로써 자연스러운 듣기와 말하기 표현을 익힐 수 있도록 했다. 이와 함께 인간관계의 다양한 상황에 자연스럽게 대처하는 능력을 기르며, 한국의 풍습, 관념, 미신 등 한국인들의 전통적인 사고방식과 문화를 이해하는 데 있어 다양한 감각을 활용하므로 단일 감각을 활용할 때보다 한국 사회에 대한 깊이 있는 이해를 할 수 있도록 했다.

2) 2단계: 프로그램 구성

본 프로그램에서는 드라마를 활용한 효과적인 수업 모형을 구안하기 위하여 여러 가지 방법의 수업 모형을 적용해 본 결과 가장 집중도가 높았다고 평가되는 방법으로, 실제적 영상 자료를 활용한 수업 모형을 제시한 언어학자인 Kerridge(1983)의 수업 모형과 Bouman(1995)의 모형에 근거하여 시청 전 단계(소리 없이 화면만 보여 주기-예측하여 발표하기)-시청 단계(대본 읽기-대사 따라 하기)-시청 후 단계(토론, 역할극 등)로 구성한 프로그램을 제시했다. 시청 전 단계에서는 영상의 내용과 관련된 주제, 인물, 배경 등 문화의 이해에 관한 질문을 제시하고, 시청 단계에서는 첫째, 음소거 후 영상 자료만으로 1차 보기 후 내용을 추측해 보고 스크립트를 보며 내용을 이해한다. 스크립트와 함께 준비된 학습 자료를 통한 주요 어휘와 발음 연습, 문법과 표현 학습 후 두 번째로 소리와 영상, 자막과 함께 동영상을 2차 시청한다. 2차 시청 후에는 내용과 관련하여 한국의 역사적·문화적 특징과 타문화와의 차이에 대해 설명하여 학습자의 이해를 돕는다. 마지막으로 자막 없이 동영상 자료를 시청하며 학습자 스스로 이해하는 단계로 구성된다. 시청 후 단계에서는 영상에서 다룬 내용과 관련하여 자신의 의견을 말하기, 자국 문화와 비교하여 말하기 등으로 말하기 기능을 강화하며, 과제로서 관련 쓰기 주제를 제시해 준 후 각자 이를 LMS에 업로드하는 방식으로 구성했다. 수업 시간은 대학의 커리큘럼에 따라 50분씩 2교시로 진행되며 흐름을 끊지 않기 위해 쉬는 시간이 없는 100분으로 진행했다. 이상과 같이 구성한 프로그램은 〈그림 13〉과 같다.

도입 (25분)	시청 활동 (50분)	정리 (25분)	
주제 제시하기	주제별 활동 전개	각국의 문화 비교	과제 제시
⇩			
-소리 없이 주요 장면 편집본 1차 보기 -내용 예측하기 -내용에서 나오는 문화관련 질문	-자막과 함께 동영상 시청 (스토리를 통한 문화 이해) -소리만 들으며 스크립트 읽기 (구어와 문어의 차이와 매체언어의 이해) -자막 없이 반복 시청	-생각 나누기 (말하기, 문화) -생각 구조화하기 (듣기, 읽기 어휘, 문법) -생각 표현하기 (말하기, 쓰기)	관련 주제 제시 후 과제 부여 (LMS에 업로드)

<그림 13> 프로그램 구성

S#5. 아르바이트 면접

☞ 아래 단어의 뜻을 추측하여 써 보세요.

* 고3: 고등학교 3학년 고1:

* 중2: ** 중2병:

* 수능(수학능력시험):

* 알바:

* 비속어 ☞ 고딩: 고등학생 / 중딩: 중학생 / 초딩: 초등학생

은탁: 실례합니다.
써니: 어서 오세요. (손님인 줄 알고 은탁을 빤히 쳐다보다가)
　　　①_____?
은탁: 아, 저 손님 아니구요, 요 문 앞에 알바 구한다고 붙여 놓으셔서 가지고.
써니: ②_____?
은탁: 아, 네. 저… 사장님 안 계세요?
써니: ③_____, 여기.(와서 앉으라는 고갯짓)
은탁: 아~ ④_____이시구나. **전** 너무 예쁘셔서 ⑤_____ 인 줄 알았어요.
써니: 그치? 근데 손님 본 지가 **언젠** 줄 모르겠다. *(파리 날리다)
은탁: 저**한테** 궁금하신 거 있으면 물어보세요.
써니: 가난하니?
은탁: 아. 네… ⑥_____편이에요. *(- ㄴ/은/는 편이다)
써니: 학교는? 안 다녀?
은탁: 다니는데요. **고삼**이에요. *(중1-고3)
써니: ⑦_____. 어려서.
은탁: 참고로 **전** 사장님 조건 다 맞출 수 있거든요.
　　　제가 더 이상 _물러날 곳이 없어서._
써니: 이따 ⑧_____ 있니?
은탁: 아니요?
써니: **그럼** *_오늘부터 우리 1일이다._
　　　⑨_____!
은탁: 정말요? 우와! 감사합니다!
　　　저 완전 열심히 할게요! 정말, 진짜!
써니: 그래, 너 _알아서 해._
　　　근데 손님이 _무 더 달라고 한 지가_ **언젠지** 모르겠다.
　　　손님 없을 **땐** 알아서 쉬어, 알바생.
은탁: **쉬긴요!** 제가 알아서 열심히 ⑩_____일하겠습니다!

〈그림 14〉 실험 집단 유인물 예시: 학습 중 활동

(1) 프로그램의 영역 설정

본 프로그램의 목표는 영상 자료인 드라마를 활용하여 외국인 학습자가 실제적 요소들을 경험하게 함으로써 사회적 맥락을 이해하고 실생활에 적용할 수 있도록 하는 멀티리터러시를 길러주는 데 있다. 또한, 한국어 학습의 흥미와 동기를 유발하여 지속적으로 한국어 학습에 관심을 갖도록 유도하는 데 있다. 학습자들은 한국어에 대한 이론적·실질적 이해를 바탕으로 한국의 문화적·사회적 이해를 증진하게 된다. 이러한 본 프로그램의 목적과 구체적인 목표를 달성하기 위한 프로그램의 영역은 멀티리터러시 향상을 위한 한국어 듣기, 읽기, 말하기, 쓰기, 문화 이해하기 등 모두 5개의 영역을 설정했다.

임병빈(2007)은 언어 교육 목표에서 구어 기능을 위한 교육과정이 학습의욕과 동기를 유발하고 회화 위주의 외국어 능력 향상을 장려하고 있다고 설명하며, 청해력 증진과 동시에 말하기, 쓰기, 읽기에 긍정적인 효과를 줄 수 있는 학습 지도 방안을 제시했다. 또한 듣기에 관한 연구에서 Chamot & Kupper(1989)는 성공적인 제2언어 청자는 들은 내용을 이해하기 위해 상향식 처리 과정과 하향식 처리 과정을 모두 사용하였지만 그렇지 못한 청자는 개별 단어의 의미를 알아내는 데만 몰두했다는 연구 결과를 제시했다. 결론적으로 듣기 이해의 영역은 사회 문화적인 배경지식과 진행 과정상의 지식을 포함하는 사전 지식과 문맥, 그리고 언어 체계적 지식을 동시에 이용하는 상호작용이라고 할 수 있는 것이다.

이윤자(2016)는 한국어 읽기 교육 연구에서, 학문 목적 한국어 학습자가 대학의 학부 과정이나 대학원에서 학업을 수행할 때 일반적으로 언어 기능 중에서 '읽기'를 가장 많이 사용하게 됨에 따라 읽기 기능이 다른 언어 기능에 비해 학문적 상황에서 새로운 정보를 학습하고, 텍스트를 분석하고, 평가하는 능력의 기초가 되며 학문을 수행하는 데 중요한 수단이 된다고 밝히고 있다. 글을 읽는다는 것은 문자와 소리 사이의 대응 관계를 파악하고, 쓰인 문자의 의미를 이해할 뿐만 아니라 더 나아가 맥락 구조와 내용을 파악하는 것이므로 학습자가 익숙하게 글자를 해독할 수 있으면 읽은 것을 기억하기도 쉽고, 또 읽은 내용을 자신의 배경지식과도 연결할 수 있게 된다는 것이다.

Krashen(1981, 1982)은 성인 학습자가 외국어 능력을 개발하는 데 분명하고 독립적인 두 가지 방법이 있다고 했다. 첫 번째는 습득(acquisition)이고 또 다른 하나는 학습(learning)인데, 언어 습득은 성인 학습자도 어린아이들의 언어 발달과 같이 잠재적인 과정을 통하여 이루어지기 때문에 비록 정확한 문법 구조를 모르더라도 의사소통이 가능하며 어떤 문장의 옳고 그름을 판단할 수 있게 된다.5) 또한 제2언어 습득과 교육에 대한 연구에서, 듣기 기능은 제2언어를 습득하려는 목표를 둔 학습자가 듣는 과정을 통해 필요한 이해 가능한 입력(comprehensible input)6)을 받아들이고 내재화시

---

5) 제2언어 습득 이론(SLA: Second Language Acquisition)에 대한 Krashen의 감시 장치 모형(Monitor Model)은 다음과 같이 5개의 가설로 이루어졌다.
① 언어 습득·학습 가설(Acquisition-Learning Hypothesis), ② 감시 장치 가설(Monitor Hypothesis), ③ 자연적 순서 가설(Natural Hypothesis), ④ 입력 가설(Input Hypothesis), ⑤ 감정 여과 가설(Affective Filter Hypothesis).

6) 이해 가능한 입력(comprehensible input): Krashen은 일단 연습을 시작하면 조금씩 이해가 되기 시작한다는 과정을 '이해 가능한 입력'이라는 용어로 설명했다. 처음 접한 정보는 알고 있는 지식이나 이전의 경험과 전혀 연결되어 있지 않기 때문에 잘 이해되지 않을 수밖에 없다는 것이다. 하지만 이 상태가 계속 지속되는 것은 아니며 점차 시간이 지나고 경험이 쌓이다 보면 이해의 폭이 넓어지게 된다는 것이다.

킴으로서 목표어를 습득할 수 있게 해 주는 우선적 기능이라고 밝히고 있다.

Slobin(1985)은 듣기 능력 습득에서 비롯되는 언어 직관의 발달은 다른 언어 기능으로 전이되므로, 듣기 기능이 말하기, 읽기, 쓰기 기능의 기초가 된다고 주장했다.

이상 프로그램의 영역을 설정하는 데 있어, 본 연구에서 제시하는 프로그램은 교육 콘텐츠의 목적과 목표를 바탕으로 전술한 학습자의 요구가 최대한 반영될 수 있도록 각 영역별로 구성 원칙을 제시하고 이에 따라 내용을 선정했다. 구체적인 내용의 구성 내용은 다음과 같다.

① 읽기: 읽기는 문자 언어를 통해 얻어지는 이해 활동이다. 읽기 내용 구성은 글쓴이가 전달하고자 하는 의미를 정확하게 이해하는 데 기본 원칙을 두고, 스크립트 속의 새로운 어휘와 한국식 표현을 이해하고, 배경지식을 활성화하여 화용적 읽기 능력을 키울 수 있는 데 중점을 둔다. 단순히 단어의 조합이 뜻하는 바를 이해하는 초보적인 수준에서, 행간을 이해하고 그것이 갖는 은유적·내재적 의미를 짐작하는 수준으로 발전하도록 구성한다.

② 듣기: 듣기는 의사소통의 필수적인 부분으로서 의사소통 기능 중에서 가장 큰 비중을 차지하는 기능이다.[7] 영상 자료를 시청하는 동안 자연스럽게 구어와 문어, 영상 언어의 차이를 이해하고, 실제

---

7) 사람들의 의사소통 중에서 듣기는 45%, 말하기는 30%, 읽기는 16%, 쓰기는 9%를 차지한다고 한다(Rankin, 1926: 67).

상황과 비슷한 발화 속도, 관계에 따른 말투, 감정에 따른 강세와 리듬, 억양 등의 표현을 듣고 이해할 수 있도록 한다.

③ 쓰기: 쓰기의 가장 기본적인 원칙은 읽는 사람의 입장에서 글의 의미가 정확하게 이해되도록 하는 것에 있다. 따라서 전하고자 하는 의미가 가장 정확히 전달되는 단어를 찾고 문법에 맞게 구성하는 능력을 신장하도록 하되 구어와 문어, 영상 언어의 차이를 인식하고 매체언어를 적절하게 활용할 수 있도록 한다. 또한 학습 과제로 더 생각해 볼 거리를 제시하여 쓰기 관련 지식을 교실 밖의 새로운 상황에 적용하고, 인지 사고 기능의 확대와 발전으로 이어질 수 있도록 구성한다.

④ 말하기: 말하기는 일상 언어생활에서의 표현 능력을 기르기 위한 것으로, 발음·억양·어조(語調)·말의 내용 등을 교육 내용으로 한다. 청자의 입장에서 화자가 전달하고자 하는 의미가 정확하게 전달되어야 하므로 상황과 맥락 그리고 이야기 구성에 맞는 말하기, 상대방과의 관계를 고려한 말하기, 비언어적인 요소들을 포함한 자연스러운 표현, 정확한 발음으로 말하기를 기본 구성 원칙으로 한다. 드라마 속 갈등 요소에 대하여 자국 문화와 비교하여 토론할 수 있도록 과제를 제시한다.

⑤ 문화 이해: 언어 사용 행위는 나와 상대가 원하는 의사를 주고받으며 정보를 교환하는 수단이다. 이를 통해 상호 간의 상황을 이해하며 나아가 그 상황이 갖고 있는 맥락을 이해하게 된다. 모든 맥락은 공동체의 문화적 배경에 기대어 발생된다는 측면에서 언어

사용의 궁극적인 목적은 언어를 통해 문화를 이해하는 데 있다. 외국인의 한국어 사용은 단순히 필요한 품사를 규칙에 맞게 구사할 수 있는 능력을 넘어 이야기 속에 담겨 있는 한국의 문화에 대한 이해가 전제되어 한다. 이를 위해서 한국의 문화적 맥락에 맞는 언어 사용을 위한 한국의 공동체 생활양식, 전통, 사회적 관계, 생활 양식이 반영될 수 있는 내용을 기본 구성 원칙으로 한다.

2) 프로그램의 영역별 목표

기존의 선행 연구(김영희, 2013; 이지영, 2005; 이윤자, 2016)들을 고찰한 결과를 바탕으로 설정된 다섯 가지 하위 영역은 '듣기', '읽기', '말하기', '쓰기', '문화적 이해'이다. 이에 따른 영역별 목표는 다음과 같다.

① 멀티리터러시 향상을 위한 '읽기' 영역의 목표

읽기란 의사소통의 한 수단으로서 글의 의미를 이해하고, 문자로 표기된 것을 소리로 발음할 수 있는 것이다. 자신의 필요와 목적에 따라 정보를 해석할 수 있어야 하며 외국인 학습자들에게 한국어 읽기 교육은 의사소통 능력 신장과 정보의 획득, 문화의 수용이라는 측면에 의미를 둔다. 본 프로그램에서 읽기 교육의 목표는 학습자의 기억 속에 이미 저장되어 있는 지식 구조인 스키마 이론8)에

---

8) 스키마(Schema): 기억 속에 저장된 지식. 즉, 지식의 추상적 구조라고 할 수 있다. 인간이 가지고 있는 지식은 아주 다양한 경우에 적용되는 이론을 극도로 추상화하여 저장한 지식이라는 의미로서 이런 다양한 양상을 한마디로 집약하여 추상화한 것이 스키마이다. 스키마가 구조화된 지식이란 의미는 그 지식을 구성하는 부분들이 일정한 구조를 가지고 있음을 뜻한다. 독자의 머리에는 많은 지식이 저장되어 있으며 이들 지식은 글을 이해하는 데 영향을 미친다. 독자가 가지고 있는 지식, 즉 스키마는 독자가 새로운 정보를 이해하고자 할 때, 즉 입력시킬 (encode) 때에, 혹은 이미 저장된 정보를 불러낼(retrieve) 때에 영향을 미친다는 것이다(구인환, 2006).

기반을 둔다. 스키마 이론은 인지 심리학에 기초한 것으로 인간은 인지하는 과정에서 세상에 가지고 있는 개념의 틀을 통해 이해한다는 것이다. 주제에 익숙하고 관련된 경험을 가진 학습자는 내용 스키마를 가지므로 더 수월하게 텍스트를 이해할 수 있다. 또한 텍스트가 어떻게 조직되는가에 대한 지식이 있는 학습자는 형식 스키마를 가져 텍스트의 정보가 어떻게 서로 관련되고 어떠한 순서로 세부적인 사항이 나타나는지에 대한 예측을 할 수 있으므로 이해 능력이 우수한 것이다.

하위 영역	읽기
수업 차시	1-15차시 전체
프로그램의 목표	- 스크립트 속의 새로운 어휘와 한국식 표현을 이해하고, 배경지식을 활성화하여 화용적 읽기 능력을 키운다. - 영상 자료에서의 실제 발화 속도에 맞추어 빠르게 읽는 반복 연습을 통하여 해당 내용을 이해한다. - 관련 읽기 자료를 통하여 새로운 정보를 획득하고 제시된 질문에 대한 답을 찾을 수 있다.

〈그림 15〉 멀티리터러시 향상을 위한 읽기 영역의 목표

② 멀티리터러시 향상을 위한 '듣기' 영역의 목표

Richards(1990)는 듣기의 이해 과정을 상향식 과정, 하향식 과정 그리고 상호작용적 과정으로 소개하고 상향식 듣기 활동에 대해 다음과 같이 소개했다. 첫째, 익숙한 어휘를 찾기 위해 듣기 자료를 대충 듣기를 한다. 둘째, 들려오는 말을 구성 요소로 나눈다. 셋째, 발화에서 정보의 초점을 찾기 위해 음운론적 단서를 이용한다. 넷째, 듣기 자료를 구성 요소로 조직하기 위해서 문법적인 단서를 이용한다. 다섯째, 강세, 음절 혹은 비강세 음절을 찾는다. 여섯째, 듣

기 자료에서 구체적인 정보를 찾는다.

하향식 과정에 따른 교수-학습은 학습자가 듣기 자료를 듣기에 앞서 기존에 가지고 있는 배경지식 또는 상황적 맥락 등을 이용하여 듣기를 이해하는 과정이다. 과거의 경험을 통한 선험 지식(schema)으로 인해 들어야 할 내용을 미리 추측할 수 있고, 개별적인 어휘나 문법을 모른다 할지라도 앞뒤 문장의 문맥을 통해 그 뜻을 유추해 볼 수 있다. Richards(1990)에서 말하는 하향식 과정에 따른 교수 학습의 예는 다음과 같다. 첫째, 장르 및 목적을 이해한다. 둘째, 장소, 대화자 및 사건을 연결한다. 셋째, 원인과 결과의 관계를 예상한다. 넷째, 담화의 주제를 추론한다. 다섯째, 사건들 사이의 순서를 추론한다. 여섯째, 잘 듣지 못한 세부 내용을 추론한다.

Nida(1975)는 유창성을 강조하는 포괄적 듣기와 정확성을 강조하는 선택적 듣기의 방법을 도입하여 이 두 과정이 배타적인 것이 아니라 상호 보완적으로 듣기 과정에 작용하고 있다고 설명했다. Anderson & Lynch(1991)에 따르면, 훌륭한 청자가 발화된 자료를 들을 때는 듣기 자료를 이해하기 위해 포괄적인 듣기와 선택적 듣기의 많은 단계의 과정, 즉 듣게 될 말에 대한 예상, 듣게 될 내용에 대한 친숙도의 정도, 배경지식 등을 이용하려는 하향식 과정과 소리, 어휘, 어구 등을 통해 들은 내용을 이해해 보려는 상향식 과정이 동시에 일어난다는 것이다. 그에 따른 활동들은 다음과 같다. 첫째, 관련된 단어들을 가지고 의미적인 연결망을 만든다. 둘째, 친숙한 단어들을 찾아 하나의 범주에 연결시킨다. 셋째, 생략된 발화에서 언어 지식을 이용하여 발화의 의미를 알아낸다. 넷째, 구문을 더 정확히 이해하기 위하여 문화적인 배경지식과 감각적인 자료들을 활용한다. 다섯째, 부족한 정보를 메우기 위해 구문과 문맥의 정보를 활용한다. 여섯째, 내용에 대한 예측의 정확도를 높이기 위해 주어진 정보를 활용한다.

Rankin(1926)의 연구에 의하면, 사람들이 의사소통을 위해 사용하는 영역 가운데 듣기는 45%, 말하기는 30%, 읽기는 16%, 쓰기는 9%를 차지한다는 결과가 나타났으며, Ralph & Stevens(1957)의 의사소통 습관에 대한 연구에서도 평균적으로 듣기 기능이 42%, 말하기가 32%, 읽기가 15%, 쓰기가 11%로 나타났다. Ralph & Stevens(1957)는 이 연구에서 사람들이 실제로 듣는 시간은 대개 연구 결과보다 더 높은 전체 언어생활의 60-70%에 이른다고 했다. 본 프로그램에서는 Richards(1990)의 듣기의 상향식, 하향식, 그리고 상호작용적 과정을 참고하여 듣기 영역의 목표를 설정했다.

하위 영역	듣기
수업 차시	1-15차시 전체
프로그램의 목표	- 실제 상황을 보고 들으며 이해한다. 다양한 담화 표현의 방식의 차이를 확인한다. - 구어와 문어, 영상 언어의 차이를 이해하고, 실제 상황에서의 발화 속도, 관계에 따른 말투, 감정에 따른 강세와 리듬, 억양 등의 표현을 듣고 이해한다. - 핵심 단어를 듣고 내용을 파악할 수 있다. - 영상 언어에서 나타나는 대화의 구조에 대하여 이해하고 활용할 수 있다. (주어 생략, 준말, 신어 등)

〈그림 16〉 멀티리터러시 향상을 위한 듣기 영역의 목표

③ 멀티리터러시 향상을 위한 '쓰기' 영역의 목표

쓰기는 문자를 통해 자신의 의사를 표현하고 다른 사람과 의사소통을 하는 수단이다. 구조화된 언어 연습을 바탕으로 실제 의사소통 상황에서 발생할 수 있는 쓰기 과제 수행을 연습함으로써, 글로 자신이 나타내고자 하는 의미를 표현하고, 의도하는 언어 기능을 수행할 수 있도록 하는 것이 쓰기 교육의 목표라고 할 수 있다. 쓰기 영역 차시에서는 제시된 어휘의 뜻 찾아 쓰기, 드라마에서 처한 주인공의 상황에 대하여 쓰기, 새롭게 배운 용법을 활용하여 짧은 글쓰기, 모어 글쓰기와 한국어 글쓰기의 차이를 이해하고 자국의 문화와 비교하여 쓰기 등의 순서로 작성하도록 한다. 한국어 쓰기 교육 프로그램에서는 학습자에게 형태적 정확성을 기르는 데 도움을 주고, 문자 언어의 담화적·구조적 형식에 초점을 맞출 수 있게 해야 한다. 쓰기 교육을 통해 한국어 담화 공동체의 기대와 요구를 이해하게 되며 그에 맞는 글쓰기를 할 수 있게 된다(이지영, 2005). 이와 같은 목적에 맞추어 쓰기 영역의 내용은 ① 수행 과제 제시, ② 작문 과정 모형, ③ 작문 과정 전략, ④ 표현 오류 분석 등으로 구성하며, 각 수업의 처음에는 해당 차시의 주제에 대해 학생들의 배경지식을 환기하는 도입 질문을 하고, 마지막에는 배운 내용의 정리를 돕는 본문 이해 문제와, 배운 지식을 강화하기 위한 수행 과제 문제로 구성한다. 수행 과제는 토의 활동으로 구성하여 학생들이 각자 습득한 지식을 공유하게 한다. 그리고 더 생각해 볼 거리를 제시하여 쓰기 관련 지식을 교실 밖의 새로운 상황에 적용시켜 보도록 한다.

하위 영역	쓰기
차시	1-15차시 전체
프로그램의 목표	- 주인공의 성격과 스토리를 글로 쓰는 활동, 자국 문화와 비교하여 글쓰기 과제를 통하여 모어와 한국어의 글쓰기 방식의 차이를 학습한다. (글쓰기 능력 자체의 숙련과 향상) - 구어와 문어, 영상 언어의 차이를 인식한다. (매체언어의 이해와 활용) - 등장인물들의 관계와 그들이 처한 상황을 이해하고 더 생각해 볼 거리를 제시하여 쓰기 관련 지식을 교실 밖의 새로운 상황에 적용한다.(인지 사고 기능의 확대와 발전)

〈그림 17〉 멀티리터러시 향상을 위한 쓰기 영역의 목표

④ 멀티리터러시 향상을 위한 '말하기' 영역의 목표

말하기란 구도로 된 의사소통 방법으로 말하는 사람이 자기의 의도를 음성으로 표현하는 활동이며 이는 언어 교육에 있어 가장 중요한 부분이다. 말하기 영역에서 고려해야 할 사항으로는 학습자의 언어적 배경, 나이, 성향 및 요구 사항, 학습자들의 인적 구성 등이 있으며, 이러한 요소들을 파악하여 수업 목표와 과제를 구성하여야 한다. 또한 말하기는 시간적 제약하에서의 상호 교섭적인 행위로 이루어지는 의사소통이므로 듣기와 말하기 사이의 자연스러운 연결을 극대화하는 것을 목표로 한다. 본 프로그램에서는 시청각 자료인 텔레비전 드라마의 장면을 활용하여 화자와 청자의 구성에 따른 대화 형식, 독화 형식, 회화 형식, 혼합 형식으로 말하기 영역을 구성한다.

하위 영역	말하기
수업 차시	1-15차시 전체
프로그램의 목표	- 구어와 문어의 발화 방식의 차이를 이해한다. (주어 생략, 준말의 활용 등) - 드라마 주인공의 대사를 짝 활동, 그룹 활동으로 직접 수행해 봄으로써 실제 상황에 어울리는 자연스러운 발화 연습을 할 수 있다. - 스토리를 예측하거나 갈등 요소에 대해 자국 문화와 비교하여 토론할 수 있다. - 듣기/읽기와 연계한 형식의 과제를 수행한다.

〈그림 18〉 멀티리터러시 향상을 위한 말하기 영역의 목표

구어는 오랫동안 언어학에서 비록 그것이 표준어의 구어라 할지라도 관심 밖에 두어 왔으며, 문어는 문학과 학문의 언어로 인식되어 권위와 영구성을 인정받았다. 따라서 문법도 문어를 중심으로 하여 서술되었고, 구어는 조심성과 조직성이 결여된 것으로 인식되어 연구 대상으로서는 별 가치를 인정받지 못했다. 그러나 이러한 견해는 19세기에 이르러 비판되기 시작하였고 20세기에 와서는 구어가 문어보다 더 기본적이라는 견해가 자리 잡게 되었다. Sapir(1921)의 "문어 형태는 구어 형태의 이차적 기호, 곧 기호의 기호이다"라는 지적은 그 한 예이다. 본 프로그램에서는 이러한 구어와 문어의 발화 방식의 차이를 참고하여 학습자들이 일상생활에서 자연스럽게 말하고 표현하는 것을 목표로 정했다.

<표 8> 한국어의 입말과 글말 (노대규, 1996)

구어	문어
전달 수단이 다양함(언어음, 억양, 강세 등이 있으며 비언어적인 제스처, 얼굴 표정 등의 보조 수단도 있음)	전달 수단이 단순함 (문자, 문장부호 등이 있음)
전언(傳言, message)이 즉각적으로 만들어짐	전언이 계획적으로 만들어짐
친교적(phatic), 표현적(expressive) 기능이 중시됨	제보적(informational), 기술적(descriptive) 기능이 중시됨
화자, 청자가 동일 시공간(時空間)에 있음	화자, 청자가 시공간적으로 분리됨
일반적인 어휘, 구체적인 표현, 단순한 문장 구조가 쓰이는 경향이 있음	전문적인 어휘, 추상적인 표현, 복잡한 문장 구조가 쓰이는 경향이 있음
시간과 공간의 제약을 받음	시간과 공간의 제약을 덜 받음
개인차가 크며 언어 변화의 속도가 빠름	개인차가 작으며 언어 변화의 속도가 느림
모호하고, 잉여적인 표현이 많음	명시적인 표현이 많으며 잉여적 표현이 적음
내용 구성이 비논리적임	내용 구성이 논리적임
비격식적임	격식적임
상황 의존성이 강하고 문맥 의존성이 약함	상황 의존성이 약하고 문맥 의존성이 강함

⑤ 멀티리터러시 향상을 위한 '문화 이해' 영역의 목표

언어를 배운다는 것은 단순히 어법과 어휘를 교수-학습하는 것이 아니라 목표어에 배어 있는 사람들의 의식이나 사고방식을 이해한 다는 것을 의미한다. 국내 대학 학부 이상의 과정에서 공부하는 외국인 유학생들은 대부분 일상생활에 필요한 언어 그 이상의 목적을 두고 한국어를 학습하는 학습자들이다. 목표어권의 문화를 이해하지 못하면 목표어의 심층적인 구조는 물론 언어로 표현된 역사적·정신적 가치들을 제대로 알 수 없게 되기 때문에 문화와 언어는 결코 분리될 수 없다. 한국어 교육에서 문화 교육을 통해 외국인 학습자는 어휘와 문법뿐 아니라 한국인의 정서와 사고방식을 이해할 수 있고 시와 소설, 대중가요, 뮤지컬, 드라마, 문화유산 등 다양한 문

화·문학 콘텐츠로부터 문화 교육을 할 수 있다. 이 프로그램에서는 드라마의 내용 가운데 선별된 장면들을 통하여 외국인 학습자가 한 국인들의 전통문화와 현대 문화를 이해할 수 있는 자료로 활용하기 위하여 한류 드라마 '도깨비'[9]를 선정했다. 이 드라마를 시청하는 동안 학습자들은 현재를 살아가는 한국의 젊은이들의 생활 문화를 사실적으로 엿볼 수 있을 뿐만 아니라 한국의 전통사상과 한국인의 관념적 사고, 세계관, 나아가 사회현상까지 포함하여 한국 사회 문화를 복합적으로 간접 경험할 수 있을 것으로 기대하였다.

〈그림 19〉 멀티리터러시 향상을 위한 문화적 이해 영역의 목표

하위 영역	문화 이해
수업 차시	1-15차시 전체
프로그램의 목표	- 불교와 유교를 기반으로 발전되어 온 한국 전통문화의 특징을 이해하고 그에 따른 내세관과 전통적인 효 사상, 현대 문화와 가족의 형태 등을 이해한다. - 현재를 살아가는 한국의 젊은이들의 생활 문화를 간접 경험한다. - 현대 한국 사회의 새로운 현상들과 신조어 등을 이해한다.

3) 프로그램 구성 근거

프로그램의 구성 근거는 궁극적으로 목표 달성에 도움을 줄 수 있는 필요한 이론적 구인을 추출하고 그것을 구성 요소로 삼아 구현할 수 있는 구체적인 활동 요소로 연결 지어야 한다(김창대 외, 2011: 153). 여기서 이론적 구인으로 추출된 것을 구성 요소로 하여 프로그램의 구체적인 활동 요소를 조직하는 데 중심점 역할을 하게

---

9) 김은숙 작가의 아홉 번째 작품으로, 2016년 12월 2일부터 2017년 1월 21일까지 방영된 tvN 10 주년 특별기획 드라마이다. 현시대를 배경으로 하고 있으며, 과거(고려)의 경우 대체역사를 혼합한 형태로 구성하고 있다. 문화평론가 정덕현은 "사극과 현대극, 동양과 서구의 신화, 전생과 현생, 비극과 희극의 경계를 오가는 작가의 솜씨가 탁월하다. 삶을 바라보는 관점이 그만큼 깊다는 의미"라고 극찬한 바 있다.

됨으로써 구성 요소를 분명하게 드러내는 것이 매우 중요하다.

본 프로그램의 구성 근거는 프로그램의 하위 영역에 근거하여 '쓰기' 영역에서는 모어와 한국어의 글쓰기 방식의 차이를 이해하고 자국의 문화와 비교하여 쓰기, 구어와 문어, 매체언어의 차이를 인식하기 등을 선정했다. 또한, '읽기' 영역에서는 대본 읽고 내용과 상황 이해하기, 장면을 이해한 후 실제 속도에 맞추어 감정을 넣어 읽기, '듣기' 영역에서는 영상 없이 듣기, 자막 보며 듣기, 영상 보며 듣기를 선정했다. '말하기'에서는 내용 추측하여 말하기, 주인공의 성격과 갈등 요소 말하기, 자신이 생각하는 갈등 해결 방안 발표 및 토론하기, '문화 이해' 영역에서는 일상생활 문화, 전통 사상, 신어와 매체언어의 문화적 이해 등을 선정했다. 이상에서 제시한 각 영역에 대한 하위 목표를 달성하기 위한 구체적인 프로그램의 구성 근거와 내용은 다음과 같다.

〈표 9〉 한국어 멀티리터러시 교육 프로그램 구성 근거

상위 영역	하위 영역	구성 요소	활동 근거
듣기	-자막 보며 듣기 -대본 보며 듣기 -자막 없이 듣기	-매체언어 식별하기 -구어의 특징인 준말, 축약어 이해하며 듣기 -핵심 단어 듣기 -문장 전체 듣기	효과적인 듣기를 위해서 음성·음운 단계에서 소리 식별하기, 강세, 리듬, 억양의 형태와 의미 인지하기, 약화된 단어를 듣고 인지하기 과정이 필요하다 (Brown, 1994). 듣기 자료는 실제적인 대화, 교육 목적으로 구성된 자료, 방송 자료 등을 활용한다(조수진, 2016).
읽기	-대본 읽기 -어휘, 문법 표현 습득 -장면 이해하며 읽기	-대본 읽고 내용과 상황 이해하기 -단어의 뜻 추측하며 읽기	한 단어가 전체적인 이해에 절대적으로 중요하지 않다면 그냥 넘기고 문맥에서의 의미를 추론하려고 노력한다(김현정, 2016).

상위 영역	하위 영역	구성 요소	활동 근거
		-맥락 이해하며 읽기 -문어체와 구어체 (영상 언어)의 차이를 이해하며 읽기	읽기 수업에서는 문어체와 구어체를 구별해서 설명함으로써 발화 시 오류가 발생하지 않게 한다 (김현정, 2016).
쓰기	-내용 요약하여 쓰기 -비교하는 글쓰기 -생각을 글로 구성하여 쓰기	-스크립트를 읽은 후 자국의 문화와 비교 하여 쓰기 -구어와 문어, 매체언어의 차이를 인식하기 -자신의 생각을 글로 써서 LMS에 올리기	대학에서 학문 목적의 한국어 학습자에게 쓰기 영역은 많은 경우 읽기 자료를 처리하고 이를 쓰기 과제에 반영하는 과정을 수반한다. 이에 읽은 것을 바탕으로 쓰는 과제, 즉 읽은 후 쓰기 과제의 수행 단계 및 각 단계에서 필요로 하는 과제 수행 전략을 제시한다 (이준호, 2011: 5).
말 하 기	-상황에 맞게 표현하며 말하기 -대본 리딩하기 -역할극 (자연스럽게 말하기) -시청 후 토론하기	-비언어적 표현을 이해하고 자연스럽게 따라 하기 -구어 표현의 특징 이해 -역할극 하기(과제)	-인간의 의사소통은 언어적 요소와 비언어적 요소를 통해 자신의 생각, 느낌, 정보 등을 표현하는 활동이다(이미혜, 2016). -타인의 역할이 되어 극화하는 것을 통해 다른 역할자와 상호 작용하여 목표어를 자발적으로 연습한다 (Chesterfield & Chesterfield, 1985).
문화 이해	-호칭과 높임말 -칭찬과 겸양 -역사와 전통 사상 -유행어와 신조어의 이해	유행어와 신조어 전통 사상/현대 문화 높임법의 이해 칭찬과 겸양의 이해	한국 문화의 특징, 한국의 생활 특성, 풍습, 전통 사상, 경어법과 겸양법, 관용구와 속담, 언어 변화와 신조어·유행어의 문화적 이해 (박영순, 2003)

2. 예비 연구

이상과 같은 목적과 목표 및 절차를 준용하고, 각 영역별로 설정된 프로그램 내용 개발의 원칙을 고려하여 차시별로 주제와 교육 목표, 주요 활동으로 구분하고 구체적인 예비 프로그램을 제시했다. 예비 프로그램의 제시는 본 프로그램 개발에 앞서서 발생할 수 있는 실행상의 문제점을 최소화하고 내용에 대한 타당성을 확보하고자 하는 Pre-test의 성격을 갖고 있다. 예비 프로그램의 내용은 다음 〈표 10〉과 같다.

1) 프로그램의 타당도 평가

예비 프로그램을 실시하기 위하여 외국인 학부 유학생들에게 교내 LMS에 안내문을 올려 프로그램 참여를 희망하는 5개국에서 온 총 15명의 학생들을 대상으로 드라마를 활용한 한국어 교육 예비 프로그램을 실시했다. 이 예비 연구는 4주간[10] 실시하였으며 총 8회의 프로그램으로 매주 2회씩 실시했다. 매회의 수업 구성은 50분으로 했다. 예비 프로그램을 마친 후 설문 조사와 인터뷰를 통하여 학생들의 다양한 요구와 평가를 반영하고 개선 방안을 마련한 후 본 프로그램의 내용을 수정·보완하여 실시했다.

2) 예비 프로그램 평가

Pentz & Trebow(1991)가 제시한 프로그램 운영 및 평가와 관련하여 고려해야 할 문제로 (1) 프로그램이 원래 계획한 대로 되었는가, (2) 프로그램의 활동이 모두 제공되었고 대상 집단에 그대로 받아들여지고 있는가, (3) 프로그램의 활동이 개발된 대로 제공되었

---

10) 예비연구는 2017년 6월 19일-2017년 7월 15일까지 실시했다.

〈표 10〉 예비 프로그램의 내용

차시	주제	교육 목표	주요 활동	준비물
1-2	〈한국의 역사와 드라마의 배경〉 -시대 (고려/현대) -지역 -신분, 계층	드라마의 배경이 되는 한국의 역사적, 또는 지역적 특징의 이해 (문화 이해) 주인공의 신분과 처지 추측하기 (말하기) (고려시대 무신이었으나 억울한 죽음을 겪고 도깨비가 된 주인공 김신/ 싱글맘이었던 엄마가 죽고 이모네 집에 얹혀사는 고교생 주인공) 대본 보며 드라마 듣기 (듣기)	해당 단원의 문화 항목과 관련된 질문을 통하여 내용에 대한 기대감을 높인다. 주요 장면 동영상(8-10분) 시청 후 드라마의 배경 추측하기 역사, 지역적 배경 설명. 스크립트를 보며 대사 따라 읽기. 실생활 언어와 표현 학습	동영상/ 스크립트 영상의 빠른 전개를 이해할 수 있는 간추린 내용을 제시 (문화 읽기)
3-4	〈인물과 관계〉 -직업 -관계 -호칭	등장인물의 캐릭터 분석과 대화 내용을 통한 관계의 이해 (듣기) 직업과 문화, 관련 어휘와 호칭의 이해 (문화 이해)	3-4회 주요 장면 시청 후 등장인물의 직업, 성격 알아맞히기 직업 관련 어휘, 직책, 관계에 따른 호칭과 상대 높임, 주체 높임, 객체 높임 이해하기 멀티미디어 활용 교육	동영상/ 호칭 정리 PPT (은탁과 사장/덕화와 할아버지, 비서의 대화 장면 편집본)
5-6	〈유행어와 신조어〉 -줄임말 -SNS 언어	남친, 알바, 취준생 등 SNS가 일상이 된 디지털 세대의 젊은이들의 언어인 매체언어와 시대를 반영하는 유행어에 대해 알아보고 활용해 본다. 주인공들의 대화 장면에서 노출되는 줄임말과 신조어에 대한 이해(듣기/말하기)	동영상 자료 시청 후 어휘 학습 스크립트 보며 드라마 대사 따라 하기 신조어 이해하기 드라마의 내용 이해하고 자국의 문화와 비교하여 이야기하기	동영상/ 스크립트 (읽기/ 말하기)
7-8	〈사건/사고〉 -스토리 예측 글쓰기	주인공이 처한 위기 상황을 통한 흥미 고조 (듣기) 전개 예측하여 말하기, 요약하여 쓰기	드라마 주요 장면 시청 후 사건(사고) 이후의 상황에서 내가 주인공이라면 어떻게 할 것인지 스토리를 요약하여 한 편의 글쓰기	동영상/ 스크립트 (읽기/ 쓰기)

는가, 혹은 일부 변형되었는가의 물음에 근거해 평가했다(김창대 외, 2011).

① 학습자 평가

예비 연구를 통해 드러난 학습자의 특성과 수업 회차별로 수정이 요구되는 부분을 중심으로 〈표 11〉에 제시했다.

〈표 11〉 예비 프로그램 평가 내용

영역		참여자(학생) 평가
전반적 평가	진행 일정	차시별 수업 시간 배분에 대해서는 적당한 것 같다. 일주일에 주 1회(2시간)를 하였는데 적당하다는 의견(13명)이 대부분이었으며 주 2회 수업을 하였으면 좋겠다는 소수 의견(2명)이 있었다.
	환경/아쉬운 점	프로젝터와 자막을 이용한 동영상 시청은 효율적이었으나 고화질 영상이면 더 좋았을 것이라는 의견, 교실이 너무 크거나 본 수업에서 인원이 너무 많아지면 뒷자리에 앉은 학생들은 집중력이 떨어질 것 같다는 의견, 동영상 시청 중 교사가 설명을 위해 중간중간 너무 자주 끊는 것은 내용 이해를 오히려 방해한다는 의견, 동영상의 길이가 길어질수록 집중력이 떨어지는 분위기가 있었다.
	도움이 된 활동	해당 수업 영상을 시청하기 전에 먼저 교사가 드라마에 나오는 한국 문화에 대한 질문을 하고, 학생들 스스로 스마트 기기로 관련 내용이나 어휘를 찾아본 후에 영상을 시청하고 설명을 들으니 더욱 이해가 쉬웠다. 처음에는 자막이 없이 영상을 시청하고, 어휘와 드라마의 장면과 관련한 교사의 설명을 들은 후 자막과 함께 다시 시청하고, 수업이 끝날 때는 자막이 없이 같은 장면을 보는데 안 들리던 대사가 들리는 경험이 신기했다.
	새롭게 알게 되거나 깨달은 점	한국의 역사나 사후 세계에 대한 한국인들의 전통적 사고에 대한 접근이 학습자들의 나라의 관념과 달라서 새롭고 재미있었다. 한국에서 요즘 젊은 사람들이 많이 사용하는 유행어나 줄임말에 대해 알게 되었다.

② 전문가 평가

프로그램의 내용 선정이 본 프로그램의 목적과 목표에 적합한지를 알아보기 위하여 전문가의 안면 타당도 평가를 받았다. 평가에 참여한 전문가는 외국어로서의 한국어 교육학과 교수 1인을 비롯하여 교육 프로그램 개발 전문가 교수 1인, 한국어 교육 경력 5년 이상의 현장 교사 2인의 평가를 받았다.[11] 전문가의 안면 타당도 평가에서 요구된 내용은 첫째, 이 프로그램에서는 한국어 교육과 함께 한국 사회·문화에 대한 이해 교육이 적절히 동반되어야 한다는 것과, 둘째, 이 프로그램의 효과가 단순히 한류 미디어에 대한 관심이나 드라마를 즐기는 것에서 그쳐서는 안 되며 학문 목적의 중급 이상의 학생들을 위한 한국어 능력 신장에도 실제적인 도움이 될 수 있도록 설계되어야 한다는 것, 그리고 셋째로 학습자들이 스스로 활용할 수 있는 웹 기반 교육 자료로서 독학이 가능한 프로그램의 역할을 할 수 있으면 더욱 효율적일 것이라는 등의 내용을 제안 받았다. 이상과 같은 전문가의 평가를 반영하여 최종 프로그램의 초안을 구안했다.

예비 프로그램에 대한 학습자 평가와 전문가의 평가를 토대로 예비 연구의 문제점과 개선점을 반영하여 프로그램을 수정·보완하였으며, 각 차시별 내용에 대한 수정은 아래 〈표 12〉에 제시했다.

〈표 12〉 예비 프로그램 평가 후 수정 내용

	영역	참여자(학생) 평가	수정 내용
전반적평가	진행일정	차시별 수업 시간 배분에 대해서는 적당한 것 같다. 동영상의 길이가 길어질수록 집중력은 떨어지는 분위기가 있었다.	한 번에 제시하는 드라마 장면 자료 동영상의 길이를 8-10분에서 3-4분으로 재편집
		일주일에 주 1회(2시간)를 했는데 적당하다는 의견이 대부분이었으	변경 사항 없음

---

11) 본 연구를 위하여 예비 연구에 앞서 2017년 국립국어원 주최 한국어 교원 공동 연수회(2017년 6월 15-17일)에 참가하여 멀티미디어를 활용한 한국어교육 프로그램을 제작하는 과정에서 담당교수에게 자문을 구한 바 있다.

영역	참여자(학생) 평가	수정 내용
	며 주 2회 수업을 했으면 좋겠다는 소수 의견이 있었다.	
수업 환경	프로젝터와 자막을 이용한 동영상 시청은 효율적이었으나 영상물의 화질이 더 좋았으면 좋겠다는 의견과 스피커 성능에 대한 지적이 있었다. 또한 교실이 너무 크거나 본 수업에서 인원이 너무 많아지면 뒷자리에 앉은 학생들은 집중력이 떨어질 것 같다는 의견이 있었다. 동영상 시청 중 교사가 설명을 위해 중간중간 너무 자주 끊는 것은 내용 이해를 오히려 방해한다는 의견이 있었다.	HD 고화질 영상으로 수업 자료 구비 강의실 환경도 대강의실에서 중강의실로 변경, 스피커 성능을 개선하여 집중력을 높이고, 회당 수업 참여 인원도 60명 미만으로 인원 조정, 첫 시청 시 내용의 흐름을 스스로 이해할 수 있도록 중간에 끊지 않는 것으로 변경
	학생들의 한국어 능력의 개인별 차이로 인하여 동영상 자료의 속도가 빨라 이해가 어렵다는 의견이 있었다. 어휘와 함께 적절한 예문이 있으면 이해가 쉽겠다는 의견이 있었다.	편집본의 길이를 더 짧게 제작하고 초급 학생들도 이해할 수 있는 내용으로 동영상 자료의 난이도를 조절, 유인물로 제시하는 어휘의 범위를 넓히고 예문을 기재
진행 순서	해당 수업 영상을 시청하기 전에 먼저 교사가 드라마에 나오는 한국 문화에 대한 질문을 하고, 학생들 스스로 스마트 기기로 사전에 찾아본 후에 영상을 시청하고 설명을 들으니 더욱 이해가 쉬웠다. 처음에는 음성으로만 들으니 내용을 알기 어려웠으나 듣고 난 후 어휘학습, 드라마의 내용에 대한 교사의 문화적 설명을 들은 후 자막과 함께 다시 시청하고, 수업이 끝날 때는 자막이 없이 같은 장면을 시청하였는데, 처음에 들리지 않던 대사가 들리는 경험이 신기했다.	처음 예비 프로그램에서는 영상 없이 소리만 듣는 것으로 1차 듣기-자막 보며 듣기-자막 없이 보며 듣기로 순서를 진행하였으나 동영상의 길이가 길고 실제 발화 속도가 빨라서 학생들의 초기 집중도가 떨어지는 것이 확인됨. 주요 영상만 먼저 보여 주고 호기심을 자극시키는 영상 보기-자막 보며 듣기-자막 없이 보며 듣기로 순서를 변경하니 집중도가 훨씬 높아짐. 본 프로그램에서는 시청 순서 변경
새롭게 알게 되	한국의 역사나 사후 세계에 대한 한국인들의 전통적 사고에 대한 접근이 학습자들의 나라의 관념과	한국의 역사나 사후 세계에 대한 한국인들의 전통적 사고에 관련한 적절한 영상 자료를 추가로 제시,

영역	참여자(학생) 평가	수정 내용
거 나 깨 달 은 점	달라서 새롭고 재미있었다. 요즘 시대의 젊은 사람들이 많이 사용하는 유행어나 줄임말에 대해 알게 된 부분이 흥미로웠다.	유행어와 줄임말은 수업 후 과제로 부여

3. 최종 프로그램 개발: 한국어 멀티리터러시 교육 프로그램

각 차시별 주제와 교육 목표, 주요 활동에 대한 예비 프로그램을 학생들과 전문가 그룹에 검토 의뢰하여 프로그램의 타당성을 제고한 최종 프로그램은 다음과 같다.

주차	수업 목표	수업 내용	주요 활동
1	인물 간의 관계 이해하기 드라마의 시대적 배경 이해하기	제1화「만남과 관계」 동영상 자료를 시청하 면서 관련 어휘, 문법, 듣기 연습 후 반복 시청으로 인물들 간의 관계와 고려의 장군이었던 주인공의 죽음, 드라마의 배경 맥락적 이해	-평가 및 사전 설문 (60분) -드라마 티저 영상 보기 (10분) -주인공의 직업, 성격 파악 관련 어휘 및 표현 학습 (10분) -등장인물들의 성격과 관계 예측 해 써 보기 (10분) -1화 주요 장면 자막 시청 (10분) -시대적 배경과 특징 살펴보기 (ppt 10분)
2	한국어의 특징인 주어 생략, 의성어와 의태어 에 대해 이해하고, 활용할 수 있다.	제2화 「주어 생략, 의성어와 의태어」 면접 장면 동영상 시 청, 대본 보며 듣기와 말하기, 면접 시뮬레이션	-소리 끄고 보기 (6-8분) -내용(관계, 갈등, 성격) 예측해 보기 (10 분) -2화 주요 장면 자막 시청 (6-8분) -소리+대본 읽기 (소리 듣고 빈 칸 채우 기, 어휘/표현 익히기) (25분) -자막 없이 반복 시청 (6-8분) -면접 장면 따라 하기(짝 활동) 의성어 의태어 이해 활동지 (25분) -과제 제시
3	한국 사회의	제3화	-소리 끄고 보기 (6-8분)

주차	수업 목표	수업 내용	주요 활동
	호칭 문화를 이해하고, 관계에 따라 높임말 표현이 다름을 알고 상황에 맞게 활용할 수 있다.	「호칭과 높임말」 가족 간 호칭과 사회적 호칭 나이, 관계에 따른 존댓말과 반말 사용 상대 높임, 주체 높임, 객체 높임법의 사용 이해	-내용(관계, 갈등, 성격) 예측해 보기 (10분) -3화 주요 장면 자막 시청 (6-8분) -소리+대본 읽기 (소리 듣고 빈 칸 채우기, 어휘/표현 익히기) (25분) -자막 없이 반복시청 (6-8분) -높임말 활동지 채우기, 높임말 역할극 하기(선배, 교수님) -과제 제시(스마트폰으로 찍어서 LMS에 업로드)
4	주거의 종류와 관련 어휘를 이해(아파트, 보증금, 자가, 전세, 월세)하고 임대 계약서를 읽고, 직접 작성할 수 있다.	제4화 「거주 형태와 임대 계약」 집 주인인 신과 그의 집에 들어온 세입자들이 실랑이하는 장면을 시청. 듣기 연습과 계약서 작성 활동	-소리 끄고 보기 (6-8분) -내용(관계, 갈등) 예측해 보기 (10분) -4화 주요 장면 자막 시청 (6-8분) -소리+대본 읽기 (소리 듣고 빈칸 채우기, 어휘/표현 익히기) (25분) -자막 없이 반복 시청 (6-8분) -현재 자신의 거주 형태와 조건에 대해 말하기, 희망하는 주거 종류에 따라 계약서 작성해 보기 (30분)
5	구어체와 문어체의 차이를 이해하고 구어의 특징인 준말을 자연스럽게 활용할 수 있다.	제5화 「입말과 문자언어」 주인공들의 대화를 시청하며 "그럼, 근데요, 것 봐요, 뭐가, 뭘로" 등의 구어체 준말의 원형을 이해	-소리 끄고 보기 (6-8분) -내용(관계, 갈등) 예측해 보기 (10분) -5화 주요 장면 자막 시청 (6-8분) -소리+대본 읽기 (소리 듣고 빈 칸 채우기, 어휘/표현 익히기) (25분) -자막 없이 주요 장면 시청 (6-8분) -활동지 보며 대화 내용 듣고 빈 칸 채우기, 구어의 특징인 줄여 쓴 말을 문어적으로 풀어 쓰기 (30분)
6	현대 젊은이들의 언어인 줄임말과 신조어, 유행어 표현을 이해하고 활용할 수 있다.	제6화 「매체언어와 SNS 언어」 '남친, 알바, 고3, 취준생' 등의 줄임말을 사용한 일상생활 표현 이해	-소리 끄고 보기 (6-8분) -내용(관계, 갈등, 성격) 예측해 보기 (10분) -2화 주요 장면 자막 시청 (6-8분) -소리+대본 읽기(어휘/표현 익히기) (25분) -자막 없이 반복 시청 (6-8분) -활동지에 제시된 신조어, 유행어 표현의 뜻 이해 신조어 표현 활용하여 문장을 만들고 발표하기 (25분) -과제 제시상황극 신조어 표현 활용하여 자연스럽게 대화하고 스마트폰으로 직접 찍어서 LMS에 업로드(짝 활동)

주차	수업 목표	수업 내용	주요 활동
7	한국어 말소리의 특징을 이해하고 바르게 발음할 수 있다.	제7화 「한국어 말소리의 특징」 한국어 발음의 특징인 비음화와 유음화, 경음화 현상을 포함한 대사를 듣고 이해하기, 바르게 발음하기	-소리 끄고 보기 (6-8분) -내용 추측해 보기 (10분) -7화 주요 장면 자막 시청 (6-8분) -소리+대본 읽기 (소리 듣고 빈칸 채우기, 어휘/표현 익히기) (25분) -자막 없이 주요장면 시청 (6-8분) -대본 보며 발음 바르게 따라 하기 활동지; 틀린 발음 찾기(25분)
8	자신의 경험에 대하여 과거와 단절과거로 구분하여 표현할 수 있다.	제8화 「과거 시제로 표현하기」 주인공 은탁과 첫사랑 태희의 만남 장면을 보며 "-었-"와 "-었었-"의 의미 차이 이해	-소리 끄고 보기 (6-8분) -내용(관계, 갈등) 예측해 보기 (10분) -8화 주요 장면 자막과 함께 시청 (6-8분) -소리+대본 읽기(어휘/표현 익히기) (25분) -자막 없이 주요 장면 시청 (6-8분) -자신의 첫사랑이나 학창 시절 친구와의 경험이나 외모 과거형으로 설명하기(짝 활동, 20분)
9	각각의 상황에 알맞은 관용 표현과 비언어적 요소들이 의미하는 바를 이해하고 바르게 활용할 수 있다.	제9화 「관용적 표현과 몸짓 언어」 동영상 자료를 시청하며 '눈이 빠지게 기다리다', '발이 넓다' 등의 관용 표현과 한국인 특유의 행동 문화 이해	-소리 끄고 보기 (6-8분) -내용(관계, 갈등) 예측해 보기 (10분) -9화 주요 장면 자막 시청 (6-8분) -소리+대본 읽기(어휘/표현 익히기) (25분) -자막 없이 주요장면 시청 (6-8분) -생각 나누기, 자국의 관용적 표현과 비교하여 발표하기 (15분) -관용 표현의 뜻 바르게 연결하기, (활동지) 관련 속담 찾기 (20분)
10	한국어의 공손, 겸손의 격률에 대해 이해하고 자연스럽게 칭찬과 대답을 할 수 있다.	제10화 「칭찬과 대답」 드라마 속 주인공들은 "예쁘다, 잘생겼다", "잘했다, 수고했다" 등 여러 가지 칭찬 표현에 어떠한 말과 표정으로 대답하는지 보면서 그렇게 대답하는 문화적 이유를 이해하고 자연스럽게 따라 하기	-소리 끄고 보기 (6-8분) -내용(관계, 갈등) 예측해 보기 (10분) -10화 주요 장면 자막 시청 (6-8분) -소리+대본 읽기(어휘/표현 익히기) (25분) -자막 없이 주요 장면 시청 (6-8분) -생각 나누기, 자국 문화와 비교하여 발표하기 (20분) -과제 제시 한국인들만 하는 말(칭찬, 대답 표현) 종류를 생각해 보고 자신이 생각하는 이유와 함께 LMS에 제출
11	한국인 특유의 빨리빨리 문화	제11화 「한국인과 '빨리빨리'」	-소리 끄고 보기 (6-8분) -내용(관계, 갈등) 예측해 보기 (10분)

주차	수업 목표	수업 내용	주요 활동
	이해하기 일상생활 표현 익히기	'얼른, 빨리'를 외치는 장면들을 보며 한국인 들의 급한 성미의 원 인, 장점과 단점 생각 해 보기, 이 '빨리빨리' 가 한국의 인터넷, 휴대폰, 반도 체 등의 디지털 기술 발전에 미친 영향을 글로 쓰기	-11화 주요 장면 자막 시청 (6-8분) -소리+대본 읽기(어휘/표현 익히기) (25 분) -자막 없이 주요 장면 시청 (6-8분) -생각 나누기, 자국 문화와 비교하기 한 국인의 속도 문화와 디지털 기술발전과 의 상관관계를 글로 구성해 보기 (20분) -구성한 글 LMS로 제출
12	한국인의 전통적 신관(神觀)과 불 교, 유교 사상 등이 한국 사회 에 미친 영향에 대해 이해할 수 있다.	제12화 「한국의 종교」 그동안 몰랐던 덕화의 비밀이 밝혀지는 장면 을 통해 한국의 전통 신앙과 불교의 윤회 사상, 유교적 남성 중 심 사회 이해	-소리 끄고 보기 (6-8분) -내용(관계, 갈등) 예측해 보기 (10분) -12화 주요 장면 자막 시청 (6-8분) -소리+대본 읽기(어휘/표현 익히기) (25 분) -자막 없이 주요장면 시청 (6-8분) -자국의 전통적 종교 문화와 비교하여 발표하기 (20분)
13	드라마에서 나타 나는 한국인과 숫자에 얽힌 전 통적 의미와 표 현을 이해하고 자국 문화와 비 교할 수 있다.	제13화 「한국인과 숫자」 주인공이 죽음을 맞이 하는 사람들에게 세 번의 생을 설명하 는 장면. 한국인들이 좋아하는 숫자와 싫어하는 숫자, 그 이유 이해하기	-소리 끄고 보기 (6-8분) -내용(관계, 갈등) 예측해 보기 (10분) -13화 주요 장면 자막 시청 (6-8분) -소리+대본 읽기(어휘/표현 익히기) (25 분) -자막 없이 주요 장면 시청 (6-8분) -생각 나누기, 자국 문화와 비교하여 발 표하기 (15분) -시청한 내용 요약하여 글로 쓰기 (15분)
14	한국인들의 전통 적인 사후 세계관을 이해하 고, 슬픔과 위로에 관련한 표현을 활용할 수 있다.	제14화 「죽음과 장례 문화」 주인공들이 맞이하는 이별과 죽음의 모습을 보며 슬픔과 위로의 표현 이해. OST 가사 보며 따라 부르기	-소리 끄고 보기 (6-8분) -내용(관계, 갈등) 예측해 보기 (10분) -14화 주요 장면 자막 시청 (6-8분) -소리+대본 읽기(어휘/표현 익히기) (25 분) -자막 없이 주요 장면 시청 (6-8분) -시청한 내용 요약하여 글로 쓰기 (20분) -과제 제시 LMS 자료실에 올려진 동영상 자료 보 고 느낀 점 쓰기
15	드라마의 결말을 예측하여 보고, 한국인의 권선징악 정서에	제15화 「해피엔딩과 권선징악」 드라마의 결말을 해피 엔딩과 새드엔딩의 경	-소리 끄고 보기 (6-8분) -결말 예측해 보기 (10분) -15-16화 주요 장면 자막 시청 (6-8분) -소리+대본 읽기(어휘/표현 익히기)

주차	수업 목표	수업 내용	주요 활동
	대해 이해할 수 있다.	우로 각각 예측해 보고, 한국의 전래동화 스토리를 애니메이션으로 시청하며 권선징악의 의미 이해, 관련 속담 배우기	(25분) -자막 없이 주요 장면 시청 (6-8분) -애니메이션 동영상(흥부와 놀부/ 심청전 시청(15-20분)) -(활동지) 속담 연결하기 (20분)
16	한국 드라마의 특징과 성공 요인에 대해 생각을 나누고 자국 드라마와의 차이점에 대해 이야기할 수 있다.	제16화 「한류와 한국의 대중문화」 조별 발표 및 사후 평가 실시	-조별 주제 발표 「한류와 한국의 대중문화」 -사후 평가(기말시험 대체) 및 설문지 작성

1) 프로그램 차시별 활동 내용 및 실시 방법

본 프로그램은 학문 목적의 학습자들을 위한 듣기, 읽기, 말하기, 쓰기, 문화 교육의 통합 프로그램으로서 드라마 '도깨비'[12]에서 보여 주는 한국인의 전통문화 의식과 현대 일상 문화, 정신문화 등을 수업 자료로 삼아 언어 교육과 문화 교육을 동시에 진행하는 실험 연구이다. 본 프로그램 각 차시별로 구성된 활동 내용을 살펴보면 다음과 같다.

---

12) <도깨비>는 2016년 12월 2일부터 2017년 1월 21일까지 tvN에서 방영되었던 드라마이다. '도깨비'라는 현실에는 없는 캐릭터를 차용해 사극과 현대극을 오가는 판타지적인 요소에 한국적 요소가 잘 녹아든 매력이 돋보인 드라마로 케이블 채널 드라마 사상 처음으로 시청률 20%를 넘기며 공전의 히트를 기록했다. 중국, 일본, 동남아시아에서뿐만 아니라 미주, 캐나다, 중남미 스트리밍 플랫폼 'Drama Fever' 콘텐츠 1위에 올랐으며, 사극과 현대극, 동양과 서구의 신화, 전생과 현생, 비극과 희극의 경계를 오가는 작가의 솜씨가 탁월하다는 평가를 받았다.

① 만남과 관계(드라마의 배경과 인물 소개)

제1차시에는 수업 참가자들과 인사를 나눈 후 본 프로그램을 소개하고 사전 평가를 실시한다. 평가를 마친 후에는 앞으로 16주간 강의 자료로 활용할 드라마의 내용에 대해 브리핑하여 학습자들의 관심을 집중시킨다. 먼저 등장인물들의 성격을 추측할 수 있는 티저 영상을 시청하고 난 후, 드라마 도깨비의 포스터를 시대별로 제시하여 드라마의 시간과 공간적 배경에 대해 암시한다. 또한 등장인물들을 사진으로 한눈에 볼 수 있는 인물 관계도를 통해 주인공과 주변 인물들과의 관계를 학습자들이 미리 파악할 수 있도록 한다. 주인공들이 처음 만나는 장면으로 구성된 주요 장면의 동영상 자료를 보여 준 후 등장인물들의 역할이나 직업, 성격, 상황, 스토리 전개를 예측하여 써보게 하고, 시대(역사), 장소 등의 배경에 대해 ppt 자료를 활용하여 설명한다. 고려의 장군이었던 김신이 죽음을 맞이한 이유와 왜 도깨비가 되었는지에 대해 질문하여 학습자들이 드라마의 배경을 이해했는지 확인한다.

② 한국어의 특징(주어 생략, 의성어와 의태어)

제2차시에서는 드라마 2화의 주요 장면들을 보면서 한국어의 특징 가운데 의성어와 의태어, 그리고 주어 생략에 대해 학습한다. 먼저, 여주인공 은탁이 치킨집에 아르바이트 면접을 보러 간 장면을 중심으로 "가난하니?", "오늘부터 일해", "네. 열심히 하겠습니다!"와 같이 실생활에서는 화자와 청자 간에 주어가 생략되는 경우가 많이 있음을 동영상을 보며 이해할 수 있다. 의성어와 의태어가 발달된 한국어의 특징에 대해서도 동영상 편집본을 통해 제시한다.

"이렇게 '후-' 하고 불을 끄면, 제가 아저씨를 부르는 거예요", "(뉴턴의 사과가) '쿵' 하고 떨어진다", "알아서 '척척' 잘하겠습니다", "왜 이렇게 대낮부터 '꾸벅꾸벅' 졸고 있어", "우리 같이 '알콩달콩' 살아봅시다" 등 주인공들이 주고받는 대화를 통해 맥락을 이해하고, 의성어와 의태어를 넣어서 문장을 만들어보는 과제를 제시한다.

③ 호칭과 높임말

제3차시에서는 호칭과 높임법을 주제로 드라마를 보며 말하는 사람들 사이의 관계에 따라 높임 표현이 어떻게 달라지는지 학습한다. 외국인들이 한국 사회에서 살아갈 때 올바른 소통에서 호칭과 높임말은 매우 중요한 의미를 갖는다. 한국인들이 초면에 나이나 직위를 궁금해하는 것도 이것과 관계가 있다. 세계의 여러 언어들 가운데에는 높임법이 없는 언어도 많고, 한국어의 높임법은 매우 복잡한 체계를 갖추고 있기 때문에 외국인 학습자들이 이것을 텍스트로 배워 이해하고 올바르게 활용하는 것은 매우 어려운 일이다. 2차시에서는 주인공 김신과 왕여, 김신과 김선, 그리고 그의 부하들의 대화를 통하여 상대 높임법의 여러 종류와 주체 높임, 객체 높임의 상황을 모두 제시할 수 있으며, 고려와 현대의 장면으로 나누어 생소한 사회적 호칭들과 높임 표현을 그 종류에 따라 선별한 장면으로 보여 주는 것으로 등장인물들 간의 관계에 따라 높임 표현에도 종결어미에 의한 높낮이가 있음을 자연스럽게 이해할 수 있다.

④ 거주 형태와 임대 계약

제4차시에서는 한국의 주거 형태와 임대 계약 관련 내용을 다룬다. 동영상 자료에서는 김신의 집에서 같이 살기 시작한 저승사자의 모습이 나온다.[13] 한국 특유의 임대 거주 형태인 '전세'의 개념과 매월 임대료를 지불하는 '월세', 그리고 계약 기간과 보증금, 관리비 등의 어휘를 학습하고 아파트, 빌라, 주택 등 한국의 주거 형태와 학습자들이 거주하고 있는 형태에 대해서도 이야기해 본다. 두 번째 동영상 자료로 여주인공이 계약서를 작성하여 읽어주는 장면을 제시하고 학습 자료로 임대 계약서를 준비하여 함께 작성해 보고 계약서상의 '갑'과 '을'이 현대사회에서 어떠한 의미로 확장되었는지에 대해서도 이야기한다. '갑질'을 키워드로 뉴스 기사를 검색해서 읽어보고 그 내용에 대해 함께 생각하고 이야기한다.

⑤ 입말(口語)과 문자언어(文語)

제5차시에서는 입말과 문자언어의 차이에 대해 학습한다. 입말은 '구어(口語, spoken language)'와 같은 뜻으로, 음성을 표현 수단으로 하는 언어이고, 이와 대비되는 문어(文語, 글말, written language)는 문자를 표현 수단으로 하는 문자 언어이다. 이에 따르면 일상의 직접 대화와 전화 대화, 방송에서의 대화, 중계방송 등의 언어는 구어에 속하나 말하기 위해 쓰인 연극이나 영화, 드라마의 대본, 방송 뉴스, 계획 연설, 언어 교육용 교과서의 대화 등의 언어는 구어체의 문어라고 하여야 할 것이다. 3차시에서는 오갈 곳이 없어진 은탁이 신의 집으로 쳐들어가면서 함께 살게 된 두 사람이 옥신각신하는 장면을 보여 준다. 이 장면은 구어체와 문어체의 차이가 잘 드러나

---

13) 세입자 왕여는 집주인이 아닌 덕화와 임대 계약을 맺고, 집주인인 신은 자신은 동의한 적이 없다며 왕여와 입주 전 실랑이를 하는 모습을 볼 수 있다.

기 때문에 보고-듣고-읽고-마지막으로 보면서 듣는 과정으로 대화의 내용과 표현의 차이를 이해한다. "그럼", "근데요", "것 봐요", "뭐가, 뭘로" 등의 줄임 표현을 듣고, 입말과 글말이 사용 목적과 언어적 특성에서 서로 다른 양상을 보이는 차이를 비교해 보고 학습자들이 상황에 따라 어떻게 활용할 수 있는지에 대해서도 이야기해 본다.

⑥ 매체언어와 SNS(Social Network Service) 언어

제6차시에서는 줄임말(abbreviation)과 신조어 표현을 중심으로 구성된 동영상 자료를 보며 현대 젊은이들의 일상 언어를 들여다본다. 여주인공은 첫 회부터 신에게 비는 세 가지 소원 가운데 '남친'과 '알바'를 이야기했다. 남친은 남자친구를, 알바는 아르바이트를 줄인 말로, SNS가 일상이 된 디지털 세대의 학생들과 젊은이들의 언어인 매체언어와 시대를 반영하는 유행어에 대해 알아보고 활용해 본다. 최지현(2007)은 매체언어의 정의에 대해, 그간의 논의에서는 매체언어가 무엇인지, 매체언어 교육과 국어 교육은 어떤 관계인지가 여전히 모호한 상태였다고 밝히며, 문식성의 관점에서 매체언어를 규정하고 이 문식성을 '문화매체 문식성'으로 재개념화했다. 드라마 장면에서 등장하는 대입수학능력시험을 뜻하는 '수능'과 고등학교 3학년을 뜻하는 '고3', '취업준비생'을 뜻하는 '취준생' 등의 줄임 표현에 대해 이해하고, 주인공이 아르바이트를 구하기 위해 번번이 떨어지면서도 부지런히 면접을 보는 장면을 통해 학생들이 궁금해하는 구직 면접에 대한 간접 경험도 할 수 있다.

⑦ 말소리와 문자와의 관계

제7차시에서는 '관리인[괄리인]', '의견란[의견난]' 등으로 발음되는 비음화와 유음화에 따른 한국어 말소리의 특징에 대해 다룬다. 여주인공 은탁이 갑자기 나타난 신에게 메밀꽃을 받으며 "메밀꽃의 꽃말[꼰말] 알아요?", "쉿, 낮말[난말]은 새가 듣고 밤말은 쥐가 듣는[든는]다", "맨날 소고기만 먹는[멍는] 사람이…"라고 말하는 장면들을 보여 주며 듣고 빈칸에 써보게 한다.[14] 또한 "진짜 맛있어요. 이거 완전 밥도둑[밥또둑]", "학생[학쌩]이에요. 고3", "작별[작뼐] 인사는 해야 할 것 같아서요" 등의 대사를 들려주며 평 장애음이 장애음 뒤에 놓이면 경음으로 변하여 발음되는 것과, "그는 적의 칼날[칼랄]은 정확히 보았지만, 어린 왕의 질투는 보지 못했다", "어느 겨울날[겨울랄]이었다" 등의 유음화에 대해 설명하고 이를 드라마 장면에서 반복해서 보여 준다.

⑧ 과거, 현재, 미래 시제의 다양한 표현

제8차시에서는 여주인공의 첫사랑이 등장하며 긴장감을 고조시킨다.[15] 그들의 어린 시절 첫 만남을 회상하는 장면을 영상으로만 보여 주어 내용을 추측해 보게 하고 소리와 함께 반복 시청한다. 과거시제 선어말어미 '-었-'과 '-었었-'의 차이를 장면으로 제시하고 '-(했)어'는 발화 시 이전의 사건을, '-(했)었어'는 현재와 비교하여 다르거나 단절되어 있는 과거의 사건을, '-었었어'는 발화 시와 사

---

14) 이것은 장애음 비음화 현상으로 한국어는 장애음과 공명음의 연쇄를 허용하지 않는다. 장애음이 공명음 앞에 놓이면 장애음은 공명음인 비음으로 변하여 발음되는 것이다.

15) 태희의 잘생긴 외모와 매력적인 성격을 묘사하는 은탁의 모습에 질투를 느끼는 신의 말투와 소심한 복수가 극의 재미를 더한다.

건의 사이에 단절의 계기가 있음을 나타내는 차이에 대해 여러 가지 상황과 예문을 보며 이해한다. 누구에게나 있는 첫사랑에 대한 기억을 꺼내어 묘사하게 하며 관련 어휘와 과거형 표현을 연습하고, 학습자들에게 첫사랑에 대한 자신의 경험을 글로 써보게 하거나, 자신이 어릴 때 좋아하였던 선생님이나 친구의 외모와 성격을 과거형으로 표현하는 과제를 주고, 조별로 발표시킨다. 이어서 현재와 미래 시제의 다양한 표현들이 나오는 재미있는 장면들을 편집하여 보여 준다. 상황별로 주인공들이 주고받는 대사들을 반복해서 보여 주며 자연스러운 시제 표현을 익히게 한다.

⑨ 관용적 표현과 몸짓언어

제9차시에서는 일상 회화에서 쓰이는 말과는 다른 특이한 구조나 의미를 가진 관용적 표현과 몸짓, 표정, 제스처 등으로 의사를 전달하는 비언어적 의사소통인 몸짓언어에 대해 학습한다. 동영상 자료에서는 "아저씨 진짜 발 넓네요", "왜 이제야 와요. 눈이 빠지게 기다렸잖아요" 등의 관용 표현과 한국인들이 양반다리로 앉아서 밥을 먹는 좌식 생활이라든지 잘못하였을 때 무릎을 꿇거나 눈을 똑바로 쳐다보지 않고 시선을 아래로 떨어뜨리는 것, 또는 "학교 다녀오겠습니다!", "잘 먹겠습니다!" 등 외국인들은 하지 않는 특유의 언어 행위와 일상 대화 중의 몸짓언어들을 다룬다. 외국인 학습자들에게 교수해야 하는 교육 내용 가운데 필요한 '행동 문화'는 일상생활에서 성공적인 의사소통에 중요한 문화 유형이다. 드라마 내용의 흐름에 따라 학습자들은 직접적인 방식으로 비언어적 행위의 사용을 이해하고, 그와 같은 상황에서 적용할 수 있다. 이것은 활자화되어 있는 교재만으로는 이해하기 힘든 언어적 특징으로서 영상을 통해 더욱 쉽게 이해할 수 있는 것이다. 이와 함께 한국인들이 자주 쓰는 관용어와 이와 관련된 속담들을 선별하여 소개하고 그 활용에 대해 학습한다.

⑩ 칭찬과 대답의 화행(speech act)

제10차시에서는 '칭찬과 대답'을 주제로 학습한다. 의사소통이 자신이 의도하는 바를 정확하게 전달하는 것이라고 할 때, 정확한 어휘와 문법을 사용하고도 의사소통에 실패하는 것은 맥락에 맞지 않는 대답을 한다거나 그 문화에 어긋나는 문장을 사용하기 때문일 것이다. 한국어의 화행은 특히 공손, 또는 겸손의 격률이 많이 적용되는데 특히 한국인들이 칭찬하는 방식이나 이에 반응하는 방법은 외국인 학습자들에게는 낯설거나 조심스러울 수 있다. 은탁이 신에게 "키가 크고 잘생겼다"라고 외모에 대한 칭찬을 하자 신이 "알아"라고 대답하고, 이어 은탁이 "재수 없다"라고 하는 장면, 신이 은탁에게 "너 예뻐"라고 말했을 때 "아니거든요"라고 대답하거나 면접 볼 때 "공부는 잘하니?"와 같은 질문에 "그냥 조금… 아니에요" 등으로 대답하는 장면을 통해 한국 사회에서는 상대방의 칭찬을 수용하는 것이 자연스럽지 않고 오히려 부정하는 표현으로 공손함을 드러낸다는 것을 알 수 있다. 여러 가지 구체적인 상황들을 제시하며 한국 사회에서의 칭찬과 대답에 대한 언어 공동체가 가진 문화적인 특징을 이해하고 자연스러운 대답을 연습할 수 있다.[16)]

---

16) 윤제민(2009)은 영상 텍스트의 교육적 활용 가능성에 대하여, 메시지와 이야기(인물, 사건, 배경)의 확인과 구성, 이미지의 활용과 분위기의 흐름, 영상 문법의 인식, 사회·문화적 맥락의 파악 측면에서 논의했다.

⑪ 한국인과 '빨리, 빨리' 문화

제11차시에서는 주인공을 비롯하여 이모, 덕화, 사장님 등 등장
인물들이 각각 다른 상황과 장소에서 '빨리, 빨리'를 외치는 장면들
을 모아 시청하며 함께 이야기해 본다. 음식점에서 음식을 시킬 때,
택시를 탔을 때, 엘리베이터를 탔을 때, 자동판매기에서 커피를 뽑
을 때도 한국인들의 빨리빨리 문화를 발견할 수 있다. 한국의 전통
사회는 자연과 삶을 즐기는 여유로운 태도를 권장하였으나, 20세기
빈곤하였던 시기의 한국의 경제적 상황은 이러한 국민 정서와 특유
의 문화를 만들어냈고, 이 빨리빨리 문화는 한국의 경제와 문화와
기술을 급속도로 발전시켰으며, 속도가 중요한 인터넷 시대에 한국
인과 한국의 기술력은 잘 적응해 왔다고 할 수 있다. 신용카드로
결제할 때 주인이 카드 서명을 대신하는 모습, 한국인들이 무심코
엘리베이터 닫힘 버튼을 여러 번 누르는 것, 영화관에서 엔딩 크레
딧이 올라가기 전에 사람들이 대부분 나가는 모습 등 외국인의 입
장에서 바라본 빨리빨리 문화의 실제 경험들을 함께 생각해 보고
이야기한다.

⑫ 한국의 종교

제12차시에서는 한국의 불교와 유교, 그리고 전통 신앙에 대해
다룬다. 드라마에 등장하는 삼신, 칠성신, 도깨비 등의 캐릭터가 품
고 있는 한국의 전통 신앙과, 4세기에 처음 한국에 전래된 불교가
고려에서는 어떤 의미를 갖고 있었는지, 그리고 조선 전기 숭유 억
불 정책으로 유교 사상이 발달하게 된 배경과 18세기 후반에 들어
온 천주교에 이르기까지 이해를 돕기 위한 대표적인 드라마 장면들

을 제시하며 한국인의 삶과 가치관에 영향을 미치는 종교와 사상에 대해 학습한다. 등장인물들의 관계에서 갈등의 원인이 전생에 있었음이 드러나며 불교에서 죽음 이후 다시 태어나는 환생과 윤회 사상에 대해 설명하고, 학습자들에게 주인공 김신과 박충헌, 왕여와 김선과의 관계도와 각각의 갈등의 요소들을 유인물로 제시하여 빈칸을 채워보고, 고려의 장군이었던 김신이 도깨비가 된 이유와, 도깨비의 신비한 능력에 대해 이야기해 본다. 은탁을 돕는 삼신과 덕화를 통해 한국의 민속 신앙과 가정 신앙, 마을 신앙, 무속 신앙 등에 대해 설명하고, 영화 〈신과 함께〉에서 나오는 저승사자, 염라대왕, 성주신 등의 장면을 관련 자료로 제시하여 한국의 전통 신앙이 오늘날까지 한국인들의 삶 속에서 어떻게 영향을 미치고 있는지를 이해해 본다.

⑬ 한국인과 숫자 '3'

제13차시에서는 저승사자가 죽음을 맞이하는 사람에게 '세 번의 생'에 대하여 설명하는 장면이 나온다. 드라마에서 나타나는 상징적인 숫자들을 통해 전통적으로 한국인들이 가장 좋아하는 숫자나 기피하는 숫자의 의미를 따라가 본다. 또한 특정한 숫자나 사물의 선택에서 오는 관용적 표현, 일정한 어법에서 생기는 대화의 숨은 뜻을 파악한다. 숫자 '3'은 가장 안정된 숫자로 한국인에게 인식되어 왔다. 인간의 사유와 의식을 구분하는 가장 기본적인 숫자인데다가 한국인의 삶에도 밀접하게 연관되어 있다. 예컨대 세 딸이 있을 때 셋째가 가장 예쁘다거나, 똑같은 일이 세 번 반복해서 일어난다거나 하는 것은 한국의 설화에 흔히 나타나는 관용적 표현 가운데 대표적인 것이다. 한국은 건국신화에서부터 3명의 주인공이 등장하고, 내기를 할 때도 삼세판을 기본으로 하며, 삼각산, 삼막사, 삼청동 등의 지명과 유명 회사의 이름도 숫자 '3'을 쓰는 경우가 많은데 이는 한국인의 전통 사상에서 가장 이상적인 숫자로서의 의미가 한국인의 삶 속에 나타나는 것이다. 관련 동영상 자료를 보며 숫자 '3'의 논리가 갈등을 없애고 대립을 지양하며 합일을 추구하는 이론 체계로서 변증법을 의미한다는 것을 이해한다. 반대로 중국인들에게 숫자 '3'은 '흩어지다, 헤어지다'라는 뜻을 가진 '散(san)'과 발음이 비슷하여 꺼리는 숫자이다. 각 언어와 문화의 차이에서 오는 숫자의 관념을 이해하고 자국의 문화와 비교하여 본다.

⑭ 죽음과 장례 문화

제14차시에서는 주인공 신이 원귀 박충헌을 죽이고 '도깨비 신부'인 은탁의 앞에서 죽음을 선택한다. 주인공들은 한 사람씩 이별과 죽음을 맞이하며 드라마는 클라이맥스에 다다른다. 슬픔에 대한 표현, 위로하는 표현을 익히고 주인공들이 맞이하는 이별과 죽음의 모습을 통해 한국인들의 전통적인 사후 세계관을 엿볼 수 있다. 가족이나 사랑하는 사람들의 죽음을 받아들이는 방식에 대하여 자국의 문화와 비교하여 조별로 발표해 보고, 장례의 방식과 관련된 영상 자료를 시청하며 그 형식과 의미를 이해한다. 주인공들의 죽음 후에 이 드라마는 어떠한 결말을 맺게 될지 각자의 상상이나 바람을 글로 써본다. 마지막으로는 이 드라마의 OST로 쓰인 이선희의 '그중에 그대를 만나'를 들으며 빈칸을 채워보고 운명과 인연, 이별로 이어지는 가사의 의미를 이해하고 함께 불러본다.

⑮ '해피엔딩'과 '권선징악'

제15차시에서는 드라마의 결말을 예측해 보며 해피엔딩, 권선징악은 한국 고전소설의 전형적인 결말이다. 간신 박충헌과 은탁, 왕여와 선의 새로운 삶을 통한 해피엔딩을 통해 착한 일은 권하고 악한 일은 벌한다는 뜻의 권선징악에 대해 이해한다. 불멸의 삶을 끝내고 죽음을 선택한 김신은 신에게 또 한 번의 삶을 허락 받고, 은탁은 아이들을 구하기 위해 스스로를 희생하지만 환생을 통해 다시 한번 신을 만나게 된다. 만나야 할 사람은 반드시 다시 만난다는 '인연'과 '운명' 등의 관념에 대하여 이해하고, 대표적인 권선징악 스토리인 전래동화 흥부와 놀부, 콩쥐팥쥐 등을 짧은 애니메이션 영상17)으로 보며 전래동화 속에 등장하는 한국인의 정서와 도깨비의 이미지에 대해 이야기한다. 이와 함께 한국인이 자주 사용하는 속담 가운데 권선징악과 연결되는 표현들에 대해 학습한다.

⑯ 한류와 한국의 대중문화

마지막 16차시에서는 드라마 수업을 마무리하며, 한국의 대중문화가 해외에서 유행하여 그들의 생활양식에 영향을 미치는 사회문화적 현상을 뜻하는 한류에 대해 조별로 조사하여 발표하는 시간을 갖는다. 〈대장금〉에서 〈도깨비〉까지 해외에서 사랑받은 한류 드라마들을 소개하고, 한국 드라마의 특징과 성공 요인, 그리고 K-pop과 한류의 발전 방향과 문제점에 대해서도 함께 이야기해 본다.

마지막 수업인 16차시에는 한국어 듣기와 읽기 능력에 대한 사

---

17) 전래동화 동영상 자료로는 키즈콘텐츠 포털 지니키즈(Genikids), 핑크퐁(Pinkfong) 애니메이션 동화를 활용하였으며 동영상의 길이는 4-6분 정도로 편집하여 사용했다.

후 평가가 이루어지고, 프로그램 참가자들의 수업에 대한 생각과 만족도를 알아보기 위하여 학습 참여도, 흥미도, 자신감과 사후 인식 및 태도 변화에 대한 설문 조사를 실시한다.

2) 한국어 멀티리터러시 수업 모형

본 연구에서는 실제적 영상 자료를 활용한 학습 모형(Bowen, 1982; Kerridge, 1983; Williams, 1983; Altman, 1989; Allan, 1991; Bouman, 1995)을 예비 연구에 적용하여 실험 참가자들의 반응을 관찰했다. 그 결과 Allan(1991)의 학습 모형 가운데 음성 제거 영상을 통한 학습 활동 유형과 Bowen(1982), Kerridge(1983), Bouman(1995)의 연구에서 제시한 것과 같은 방식인 '교수자가 영상 자료를 보여 주기 전, 내용을 알려 주거나 어휘 등을 미리 제시하는 도입 활동 대신 소리를 끄고 화면만 보여 주는 것으로 시작하는 방식'을 적용하는 것이 다수의 학습자들의 집중력을 높이는 데 더 효과가 있다고 판단하여 화면만 보기를 본 연구의 첫 번째 단계로 적용했다. 이는 첫째, 소리를 먼저 들려주거나 학습할 내용을 미리 제시하는 방법에 비하여 화면만 먼저 보여 줄 때 더 많은 학습자들이 호기심을 갖고 스스로 내용을 짐작하고자 하는 노력(화면 응시, 메모)이 관찰되었고, 둘째, 학습자들이 추측한 내용을 이야기할 때 소리를 듣지 않고도 주인공들의 연기를 보면서 비교적 근접하게 내용을 파악하였으며, 이후 음성과 자막을 함께 제시하여 반복 시청하였을 때 학습자들의 내용 이해가 빨랐고 질문에 자신 있게 대답하는 비율이 높았기 때문이다. 또한 어휘나 듣기가 아닌 눈으로 보이는 장면에 집중한 결과 배우의 표정과 태도와 같은 비언어적 요소들을 더 구체적으로 기억하는 특징을 보여 주었기 때문에 화면 보기로 드라마 수업을 시작하기로 했다. 따라서 각 단계별로 제안하는 대표적인 활동들을 포함한 드라마를 활용한 교수 학습 모형을 〈그림 20〉과 같이 설계했다.

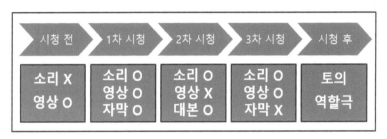

〈그림 20〉 드라마를 활용한 한국어 수업 모형

① 1단계-보기: 화면만 보기: 드라마 장면 속에서 벌어지는 상황과 등장인물들의 표정, 행동 및 여러 가지 비언어적인 요소들에 집중하며 내용을 예측한다. 교수자는 화면을 같이 보며 흐름을 끊지 않고, 학습자들의 호기심을 유발하고 상황을 예측할 수 있는 힌트를 준다.

② 2단계-자막 영상 시청: 화면과 함께 소리와 자막을 동시에 제시하여 학습자가 예측한 내용과 비교하고, 스스로 드라마의 내용을 이해하기 위해 노력하는 과정. 내용을 끊지 않고, 교수자는 개입하지 않는다.

③ 3단계-듣기: 화면은 보지 않고 소리만 들으며 대본 읽기. 귀로는 소리를 들으며 눈으로는 스크립트를 따라가는 과정이며 듣기와 읽기에 집중할 수 있도록 한다. 교수자는 반복 청취를 돕고, 학

습자에게 어휘와 문법 표현을 교수하기 위해 중간중간 끊어가며 진행한다.

④ 4단계-시청: 자막 없이 소리와 영상만으로 단절 없이 시청하며 주인공들의 대사를 직접 듣고 내용을 이해하는 과정이다. 내용을 끊지 않고, 교수자는 개입하지 않는다.

⑤ 5단계-활동: 시청한 내용과 관련하여 주제를 제시, 자국의 문화와 비교하여 토의하거나 글쓰기, 또는 역할극을 하고 이를 그룹별로 스마트폰으로 직접 찍어 LMS에 업로드하는 등의 과제를 제시한다. 교수자는 질문자가 되고, 주제를 제시하고, 오류를 수정해 주는 역할을 한다.

〈그림 20〉에서 제시한 수업 모형은 시청 전 활동에서 Kerridge(1983), Bouman(1995)의 영상 자료를 활용한 수업 모형과 같이 도입 과정이 없이 소리를 켜지 않고 화면만 보여 주어 내용을 예측하게 한다. 이러한 '보기' 과정을 통해 학습자들의 호기심을 자극하고, 드라마 장면 속 인물들의 표정과 행동 및 여러 가지 비언어적인 요소들에 집중할 수 있다. 두 번째는 시청 단계로 영상과 소리, 자막을 한 번에 제시하여 학습자의 내용 이해를 돕는다. Price(1983)의 연구 결과를 보면, 자막 영상을 시청한 학습자 집단이 무자막 영상을 시청한 학습자 집단에 비하여 내용 이해에 월등한 효과를 나타낸 바 있다. 본 연구에서는 첫 번째 시청 단계에서 자막 영상을 제시하여 학습자 스스로 드라마의 내용을 이해하는 과정으로 하며, 이때 소집단별로 예측하였던 내용을 확인하는 과정으로 집단적 참여를 유도할 수 있다. 세 번째 단계는 소리와 대본만으로 듣기와 읽기

에 집중할 수 있도록 하며 스크립트에 빈칸을 두어 들어갈 말을 직접 듣고 써보는 활동을 하고, 중간중간 어휘와 표현을 학습하기 위해 끊어가는 단계이다. 네 번째 단계에서는 자막이 없이 소리와 영상만으로 제시된 드라마 장면을 단절 없이 시청하며 주인공들의 대사를 직접 듣고 이해하는 과정으로 구분할 수 있다. 시청 후 활동으로는 유인물을 활용하고, Bowen(1982)의 시청 후 활동에서 제시한 것과 같은 유형의 짝 활동, 또는 시청한 내용과 관련하여 수업 목표에 따라 정해진 주제로 토의하거나 비교하여 글쓰기, 또는 역할극을 하고 이를 스마트폰으로 직접 찍어 LMS에 업로드하는 과제를 제시할 수 있다.

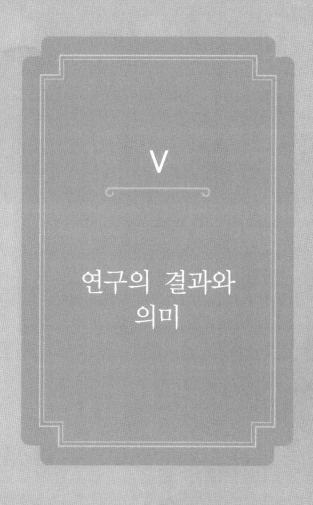

V

연구의 결과와
의미

본 장에서는 외국인 학습자들을 대상으로 한국어 멀티리터러시 향상을 위한 교육 프로그램의 적용 효과를 한국어 듣기, 읽기 능력 및 학습 흥미도, 참여도, 자신감의 변화 정도 그리고 학습자들의 프로그램 참여 경험을 통해 분석했다.

1. 연구의 결과

1) 멀티리터러시 교육 프로그램이 한국어 능력 향상에 미치는 효과

드라마를 활용한 한국어 멀티리터러시 교육 프로그램의 실효적 효과를 검증하기 위하여 한국어 능력 검사도구(TOPIK)의 모의 문항을 사용하여 실험 집단과 통제 집단을 대상으로 가가 사전·사후 한국어 능력 평가를 실시하여 독립표본 t 검증을 실시한 결과는 다음 〈표 14〉와 같다. 실험 집단과 통제 집단 간의 사전 한국어 능력 검사 결과 실험 집단의 평균값은 57.33(SD=14.27)이었으며 통제 집단의 평균값은 57.20(SD=14.67)으로서 통계적으로 유의한 차이 (t=0.45, p>.05)를 나타내지 않았으므로 실험 전 두 집단의 동질성 가정을 만족했다.

집단 간 동질성 가정의 만족을 확인한 후, 실험 집단에게는 16차시의 드라마를 활용한 멀티리터러시 향상 프로그램이 제공되었으며 통제 집단에게는 기존의 교재 중심의 면대면 프로그램을 제공했다.

〈표 14〉 집단 간 사전 한국어 능력 평가 결과

집단		N	M	SD	t
사전	실험 집단	60	57.33	14.27	0.45
	통제 집단	48	57.20	14.68	

두 집단의 프로그램 참여가 모두 종료된 후 각 집단이 프로그램 참여에 따라 한국어 학습 능력의 변화가 있었는지 확인하기 위하여 집단 내 대응표본 t 검증을 각각 실시한 결과는 〈표 15〉와 같다.

<표 15> 집단 내 사전·사후 한국어 능력 평가 결과

실험 집단	사전	사후
M	57.33	65.91
SD	14.27	12.45
N	60	
t	-10.11^{***}	
통제 집단	사전	사후
M	57.20	60.91
SD	14.68	12.82
N	48	
t	-9.21^{***}	

$^{***}p < .001$

먼저 실험집단의 경우 사전 한국어 능력 점수는 57.33(SD=14.27)

이었으며 16주 프로그램 참여 후 한국어 능력 점수는 65.91(SD=12.45)로 향상되었으며 이는 통계적으로 유의한(t=-10.108, p<.001) 수준이었다. 한편 면대면 학습 경험을 제공한 통제 집단의 경우 사전 한국어 능력 점수는 57.20(SD=14.68)이었으며 사후 측정 결과 60.91(SD=12.82)로서 역시 통계적으로 유의한(t=-9.214, p<.001) 수준이었다. 따라서 각 집단의 처치 결과를 보다 명확하게 하기 위한 사후 집단 간 독립표본 t 검증을 실시하였으며 그 결과는 〈표 16〉과 같다.

<표 16> 집단 간 사후 한국어 능력 평가 결과

집단		N	M	SD	t
사전	실험 집단	60	65.91	12.45	2.05*
	통제 집단	48	60.91	12.82	

*p<.05

두 집단의 한국어 능력 향상 정도를 동일한 방식으로 측정하여 독립표본 t 검증을 실시한 결과 한국어 멀티리터러시 교육 프로그램에 참여한 실험 집단의 한국어 능력은 65.91(SD=12.45), 면대면 방식의 학습을 실시한 통제집단은 60.91(SD=12.82)로 통계적으로 유의한 차이(t=2.05, p<.05)를 확인했다. 결국, 두 집단 모두 프로그램 종료 후 한국어 능력에 있어 동일한 향상을 보였지만, 멀티리터러시 교육 프로그램에 참여한 집단의 한국어 능력이 보다 높게 향상되었다는 사실을 확인한 것이다.

이러한 결과는 본 연구에서 제시하고 있는 프로그램의 특징인 시각, 청각적 접근이 학습자들의 듣기와 읽기의 이해를 활성화시키고 학습의 흥미와 동기를 고무시킨 결과가 학업 성취도로 나타난 것으로 판단된다. 실제로, 드라마와 같은 복합매체 자료가 교육용 교재에 비해 상대적으로 다양하고 실제적인 학습 자료가 될 뿐만 아니라 풍부한 언어, 문화적 정보를 제공함으로써 학습자의 인지적 측면의 활성화를 통해 학습 성취도에 직접적인 영향을 미친다(김영희, 2013; Allen, Bernhardt, Berry & Demel, 1988; Bacon & Finnemann, 1990; Giroux, 2002)는 선행연구 결과와 일치하는 것이다. 다시 말해, 본 연구에서 제시하고 있는 프로그램은 드라마를 활용한 서사적 구조를 제시하고 있기 때문에 학습자가 특정한 상황을 머릿속으로 상상할 수 있도록 연상 작용을 한다는 장점이 있다는 것이다. 이는 눈으로 보는 스토리와 함께 읽기와 어휘 학습 과정의 전후 맥락에 대한 이해를 돕고, 언어 교육의 특성과 전제가 이를 직접 실천 상황에 사용할 수 있도록 하기 때문에 가능한 것이다.

언어교육이 효과적이기 위해서는 문법적 인지 능력의 향상에만 몰두하기보다는 실제 생활에서 상황에 맞도록 자연스러운 표현 능력을 기를 수 있어야 한다. 자신의 의도를 정확하게 전달하고 또 상대방의 의도를 제대로 파악할 수 있어야 한다. 전통적인 언어 교수·학습 과정에서 교수자는 학습자에게 언어가 사용되는 맥락과 상황을 설명하기 위해서 다양한 예시를 사용하거나 이와 관련된 상황을 제시하여 왔다. 하지만 이 역시 한정된 텍스트를 안에서 작동한다는 점에서 언어 사용의 맥락을 관통하는 데 한계를 갖는다. 반면, 본 연구에서 제안하는 드라마를 활용한 언어 학습의 경우 서사가 갖는 다양한 맥락적 상황에 대한 직관적 통찰과 자극(Veriki, 2002; Bastide, 1990; Myers, 1990)으로 인하여 학습의 실효성을 높이는 매개로서 작용할 충분한 가능성을 보여 주는 것이다. 또한, 멀티리 터러시가 다양한 매체 활용과 이해 및 활용 능력이라는 관점에서 보았을 때, 드라마를 활용한 서사적 구조에 대한 몰입은 그 자체로 서 한국의 사회문화와 스타일, 가치, 관습, 상황에 따른 맥락적 언 어활동에 대한 간접 경험으로 작용하여 멀티리터러시 교육 효과가 충분하다는 것이다.

2) 집단 간 학습 흥미도, 학습 참여도, 학습 자신감 검증 결과

드라마를 활용한 한국어 멀티리터러시 교육 프로그램이 외국인 학습자의 학습 흥미도, 학습 자신감, 학습 참여도에 긍정적으로 기 여하는지에 대한 검증을 위하여 프로그램을 실시하며 사전/사후 조 사를 실시했다. 〈표 17〉은 멀티리터러시 교육 프로그램에 참여한 실험 집단과 교재 중심의 수업을 진행한 비교 집단의 사전 및 사후 조사에서 나타난 한국어 학습 흥미도, 학습 참여도, 학습 자신감에 대한 독립표본 t 검정 결과이다.

<표 17> 집단 간 사전 한국어 학습 흥미도, 자신감, 참여도 검증 결과

집단		N	M	SD	t
사전 흥미도	실험	60	3.30	.419	.035
	통제	48	3.36	.433	
사전 참여도	실험	60	3.25	.373	.577
	통제	48	3.21	.396	
사전 자신감	실험	60	3.18	.389	.566
	통제	48	3.13	.419	

〈표 17〉에서 보는 바와 같이, 본 연구의 실험 집단과 통제 집단의 한국어 수업에 대한 사전 흥미도(t=.035, p〉.05)와 참여도(t=.557, p〉.05), 자신감(t=.566, p〉.05)에 대한 검증 결과 각 영역에서 평균값의 차이는 통계적으로 유의한 차이를 나타내지 않았으므로 사전 동질성 가정이 만족되었다. 집단 간 동질성 가정의 만족을 확인한 후, 실험 집단에게는 16차시의 드라마를 활용한 멀티리터러시 향상 프로그램이 제공되었으며 통제 집단에게는 기존의 교재 중심의 면대면 프로그램을 제공했다. 두 집단의 프로그램 참여가 모두 종료된 후 각 집단의 프로그램 참여에 따라 학습 흥미도, 참여도, 자신감에 차이가 발생하였는지 확인하기 위한 대응표본 T 검증 결과는 〈표 18〉과 같다.

<표 18> 집단 내 학습 흥미도 검증 결과

실험 집단	사전	사후
M	3.30	3.70
SD	.419	.341
N	60	
t	-12.73***	
통제 집단	사전	사후
M	3.36	3.43
SD	.433	.384
N	48	
t	-3.58***	

***p 〈.001

실험집단과 통제집단의 학습 흥미도에 대한 집단 내 대응표본 t 검증 결과, 실험집단은 사전 평균 3.30(SD=.419)이었으며 16차시 프로그램 참여 후 같은 척도를 사용하여 측정한 결과 평균

3.70(SD=.341)으로 증가했다. 이러한 집단 내 변화는 통계적으로 유의한 수준(t=-12.727, p<.001)인 것으로 확인되었다. 한편, 통제집단의 경우 사전 평균 3.36(SD=.433)이었으며 16차시 수업 참여 후 같은 척도를 사용하여 측정한 결과 평균 3.43(SD=.384)으로 증가했다. 이러한 집단 내 변화는 통계적으로 유의한 수준(t=-3.58, p<.001)이었다. 두 집단 모두 16차시 수업 참여에 따라 학습 흥미도에 변화를 보였기 때문에 집단 간 차이를 확인하기 위하여 두 집단 간 독립표본 t 검증을 실시한 결과는 다음 〈표 19〉와 같다.

<표 19> 집단 간 학습 흥미도 검증 결과

집단		N	M	SD	t
흥미도	실험	60	3.71	.341	3.93***
	통제	48	3.43	.384	

***p<.001

〈표 19〉에서 보는 바와 같이 수업 참여 후 실험집단의 학습 흥미도 평균은 3.71(SD=.341)이었으며 통제 집단의 평균값은 3.43(SD=.384)으로서 실험 집단이 통제 집단에 비해 통계적으로 유의한 수준(t=-3.93, p<.001)에서 학습 흥미도가 향상되었음을 확인했다. 다음으로 각 집단의 프로그램 참여에 따라 학습 참여도에 차이가 발생하였는지 확인하기 위한 대응표본 T 검증 결과는 〈표 20〉과 같다.

<표 20> 집단 내 학습 참여도 검증 결과

실험 집단	사전	사후
M	3.25	3.54
SD	.373	2.99
N	60	
t	-11.890***	
통제 집단	사전	사후
M	3.21	3.40
SD	.396	.384
N	48	
t	.443	

***p<.001

실험 집단과 통제 집단의 학습 참여도에 대한 집단 내 대응표본 t 검증 결과, 실험 집단은 사전 평균 3.25(SD=.373)이었으며 16차 시 프로그램 참여 후 같은 척도를 사용하여 측정한 결과 평균 3.54(SD=.299)로 증가했다. 이러한 집단 내 변화는 통계적으로 유의한 수준(t=-11.890, p<.001)인 것으로 확인되었다. 한편, 통제 집단의 경우 사전 평균 3.21(SD=.396)이었으며 16차시 수업 참여 후 같은 척도를 사용하여 측정한 결과 평균 3.40(SD=.384)으로 증가했다. 하지만, 이러한 집단 내 변화는 통계적으로 유의한 수준(t=.443, p>.05)은 아니었다. 두 집단의 변화를 보다 명료하게 확인하기 위하여 집단 간 독립표본 t 검증을 실시한 결과는 다음 〈표 21〉과 같다.

<표 21> 집단 간 학습 참여도 검증 결과

집단		N	M	SD	t
흥미도	실험	60	3.54	.299	5.11***
	통제	48	3.20	.390	

*** *p ⟨.001*

〈표 21〉에서 보는 바와 같이 수업 참여 후 실험 집단의 학습 참여도 평균은 3.54(SD=.299)이었으며 통제 집단의 평균값은 3.20(SD=.390)으로서 실험 집단이 통제 집단에 비해 통계적으로 유의한 수준(t=5.11, p⟨.001)에서 학습 참여가 향상되었음을 확인했다. 다음으로 각 집단의 프로그램 참여에 따라 학습 자신감에 차이가 발생하였는지 확인하기 위한 대응표본 T 검증 결과는 〈표 22〉와 같다.

<표 22> 집단 내 학습 자신감 검증 결과

실험 집단	사전	사후
M	3.18	3.54
SD	.389	.337
N	60	
t	-11.842***	
통제 집단	사전	사후
M	3.13	3.22
SD	.419	.404
N	48	
t	-5.765***	

*** *p ⟨.001*

실험 집단과 통제 집단의 학습 자신감에 대한 집단 내 대응표본 t 검증 결과, 실험 집단은 사전 평균 3.18(SD=.389)이었으며 16차시 프로그램 참여 후 같은 척도를 사용하여 측정한 결과 평균 3.54(SD=.337)로 증가했다. 이러한 집단 내 변화는 통계적으로 유의한 수준(t=-11.842, p<.001)인 것으로 확인되었다. 한편, 통제집단의 경우 사전 평균 3.13(SD=.419)이었으며 16차시 수업 참여 후 같은 척도를 사용하여 측정한 결과 평균 3.22(SD=.404)로 증가했다. 이러한 집단 내 변화는 통계적으로 유의한 수준(t=-5.765, p<.001)이었다. 두 집단 모두 16차시 수업 참여에 따라 학습 자신감에 변화를 보였기 때문에 집단 간 차이를 확인하기 위하여 두 집단 간 독립표본 t 검증을 실시한 결과는 다음 〈표 23〉과 같다.

〈표 23〉에서 보는 바와 같이 수업 참여 후 실험 집단의 학습 자신감 평균은 3.54(SD=.337)이었으며 통제 집단의 평균값은 3.22(SD=.404)로서 실험 집단이 통제 집단에 비해 통계적으로 유의한 수준(t=4.43, p<.001)에서 학습 참여가 향상되었음을 확인했다.

<표 23> 집단 간 학습 자신감 검증 결과

집단		N	M	SD	t
흥미도	실험	60	3.54	.337	4.43***
	통제	48	3.22	.404	

*** $p < .001$

이러한 결과는 드라마를 활용한 멀티리터러시 한국어 교육 프로그램이 학습자의 정의적 태도에 긍정적 효과가 있음을 확인한 것이다. 이러한 결과는 유은실(2003), 안수옥(2006)은 영화 비디오 자료로 학습한 학생들이 학습 효과와 흥미도 및 관심에 있어서 전통적 교수법 수업에 참여한 학생들보다 상대적으로 높은 긍정적 반응을 보였다는 결과와 일치하는 것이다. 비슷한 관점에서 김영희(2003, 2013)는 학습 매체와 교수 방법을 통한 학습자의 인지적 측면의 활성화는 학습 성취도에 직접적인 영향을 미친다고 보고하고 있다. 특히, 외국어 교육의 경우 전통적으로 단순 모방이나 반복 훈련에 의미를 두어왔던 학습 이론(Skinner, 2004)이 학습자의 의사소통 능력 향상을 강조하기 시작하면서 학습자의 학습에 대한 흥미나 태도, 가치관, 동기 등의 정의적 요인은 인지적 학업 성취와 학습자가 학습 전반에 걸쳐 성공적으로 적응하느냐 그렇지 못하느냐에 중요한 영향을 미친다는 것이다.

3) 프로그램 참여자의 학습 경험[1] 분석

본 연구에서 제시한 멀티리터러시 교육 프로그램의 목적은 학습자의 멀티리터러시 향상 및 학습 흥미, 참여, 자신감 등의 정의적 요인에 미치는 효과에 대한 검증이었다. 본 장에서는 프로그램 참여자들의 프로그램 참여 경험을 보다 심층적으로 이해하기 위하여 인터뷰를 실시하여 그 의미를 분석했다. 인터뷰는 연구의 효율성을 위하여 사전에 연구자가 인터뷰의 내용과 방향을 설정하는 반구조

---

[1] 학습 경험(學習經驗, learning experience)은 일정하고 고정된 교과 학습의 영역뿐만 아니라 생활 경험까지 포함하여 지칭하는 말로, 학습 경험은 바로 학습의 요구 수준을 결정하는 수요 요인(要因)의 하나를 이루게 된다. 그러나 모든 학습 경험이 모두 바람직한 것은 아니므로 가치 있는 경험을 택하고 비교육적 경험은 배제해야 하며, 취택(取擇)한 경험은 학습자가 자각적으로 추구해야 할 것이 강조되고 있다. 따라서 학습 경험이란 단순히 경험을 가리키는 것이 아니라, 발전적으로 연속되는, 또 현실적 생활에 긴밀하게 관련을 맺고 있는 것을 학습자가 자각적으로 추구하는 경험이다(서울대학교 교육연구소, 1995).

적 인터뷰(semi-structure interview) 방식을 적용했다. 인터뷰는 개별 인터뷰와 집단 인터뷰 방식을 병행하였으며 실험 수업 15주 차부터 매주 2-3명의 인터뷰 참여자를 만났다.2) 인터뷰는 1대 1로 진행하였고, 대부분 학생들의 오후 수업이나 아르바이트가 끝난 시간에 연구 참여자에게 편안한 시간과 장소에서 실시했다. 인터뷰 내용을 앞서 기술한 바와 같이 귀납적 내용 분석의 절차를 거쳐 확인된 내용은 다음과 같다.

(1) 학습 재미와 참여에 대한 학습 경험

이 프로그램에 참여한 인터뷰 대상자들이 말하는 이 수업에 대한 평가는 다양하였으나 공통된 부분은 모두 '재미', '흥미', '즐거움'에 대해서 이야기했다. 이러한 방식의 한국어 수업이 재미있다는 것이다. 일반적으로 외국어 공부는 단어를 외우고 구조를 이해하며 그 구조에 맞는 문장을 반복적으로 암기하는 것이 전통적인 학습 방법이다. 이 과정은 매우 지루하고 단조로우며 따분할 수밖에 없다. 이와 같은 학습의 단조로움은 외국어 학습을 하는 학생에게 있어 피할 수 없는 과정으로 인식되기까지 한다. 하지만, 본 연구에서 제시하고 있는 한국어 학습 프로그램은 한류 스타들이 출연하는 인기 드라마를 소재로 학습자들의 시선을 끌기에 충분하며, 학습 목표에 부합하는 선별된 장면들을 반복적으로 보여 줌으로써 실제적 언어생활에 도움이 되고, 현대적 문화 언어를 배울 수 있다는 데 큰 장점이 있다. 영상을 보고, 대화를 듣고, 대본을 읽고, 내용에 대하여 말하고, 배운 내용을 쓰는 과정을 통하여 통합 교육의 목표에

---

2) 심층 인터뷰는 2017년 12월 4일부터 2018년 1월 12일까지 6주간 진행되었다.

접근하는 방식으로 학습자들은 기존의 방식에서 벗어난 새로운 형식의 수업을 통해 기대감을 높이고, 학습의 재미를 느낄 수 있다.

① (이 강의를 선택한 이유는) 재미있을 것 같았기 때문입니다. 한국에 온 지 3년이 지났고, 한국어를 열심히 공부했지만 아직 전공 수업 이해하기 어렵습니다. 그래서 사실 재미없습니다. 그런데 이 과목은 드라마로 배우는 한국어니까 어렵지 않고 편안하게 공부할 수 있을 것 같았습니다. 그리고 수업을 들어보니 실제로 정말 재미있었습니다. 이해할 수 있었고.

〈J, 방글라데시, 12월 16일 인터뷰 내용 중〉

② 지루하지 않고, 재미있어요. 수업 들으면서 공부하는 게 아니라 재미있게 문화 수업하는 것 같아서 좋아해요. 다른 수업은 과제도 많고 어려워서 걱정이 많이 되는데 드라마 수업은 숙제도 친구랑 같이 연기하거나 녹음한 것을 핸드폰으로 찍어서 제출하니까 재미있어요. (중략)

(도깨비는) 제가 좋아했던 드라마였기 때문에 익숙했고, 드라마에서 나오는 대사와 한국식 표현을 공부하니까 중국어로 볼 때보다 훨씬 재미있게 봤어요. 선생님이 준비 많이 하시니까 E-CLASS에서 수업 자료 다운받아서 기숙사에서 다시 봤어요.

〈S, 중국, 12월 16일 인터뷰 내용 중〉

위에서 ①은 외국어 공부에서 오는 어려움과 이를 극복하는 한 가지 방법으로 드라마를 이야기하고 있다. 드라마는 그 특성상 드라마틱한 이야기 구조를 기본으로 다양한 에피소드와 볼거리 등을 가지고 있다. 이는 앞서 설문지 분석 결과에서 보여 주는 수업 만족도 가운데 학습 흥미도의 결과에 대한 구체적인 경험 사례라 할 수 있다. 이러한 방식의 수업은 학생들이 한국어 학습에 흥미와 호기심을 갖게 하고, 문화의 차이와 상관없이 실제로 살아가면서 맞닥뜨리게 되거나 공감할 수 있는 인생 이야기로 학습자의 입장에서는 이해하기 쉽다. 이러한 내용과 구조는 자연스럽게 학습 자신감과 성취감으로 이어질 가능성이 높다. 드라마나 영화 등의 방송 매체는 시청률을 염두에 두고 제작되기 때문에, 제작 과정에서 다수의 관객들을 끌어들이기 위해 시청자들의 공감을 얻을 수 있거나 재미있는 내용을 소재로 삼는다. 또는 가장 인기 있는 배우들을 캐스팅하여 시청자들의 관심을 모으기 위해 노력한다. 한국어 학습자들 역시 시청자의 입장이기 때문에 작품의 내용과 주인공의 역할에 호기심을 갖고 시청하게 되며, 이러한 등장인물들이 사용하는 자연스러운 구어는 학습자들이 일상생활에 바로 적용할 수 있는 유용한 학습 자료가 된다. 드라마를 즐기는 과정에서 학습자들에게 지루한 언어 학습이 아닌 좋아하는 드라마 시청을 통한 언어 능력 활성화 경험을 제공하게 되는 것이다.

또한 본 연구에서 제시한 프로그램에 참여한 인터뷰 대상자들은 본 실험에 참가하면서 학습 참여도의 향상에 대하여 대다수가 긍정적인 반응을 보였다. 60명 이상 다수의 학생들이 함께 진행을 하는 수업에서는 참여도가 중요한데, 실험 집단의 학생들은 15주간 전체 96.5%의 출석률을 기록했다. 같은 집단의 참가자들이 참여하는 다른 수업의 출석률을 전자출결시스템으로 분석한 결과 이것은 같은 기간에 진행한 통제 집단 수업의 평균 출석률(91.7%)과 일반교양 수업 과목의 평균 출석률(90.8%)[3]에 비하여 평균 5% 이상 높은 것으로, 드라마 활용 수업에 참가한 학생들의 참여율과 관심도가

---

3) 2017년 2학기 H대학교 교양과목 실태 보고 결과 참조.

상대적으로 높았음을 나타내는 결과이다. 또한, 드라마를 중심으로 뉴스, UCC 등의 영상 자료와 스마트폰 애플리케이션을 다양하게 활용한 수업 방식은 수업 중 참여도에서도 통제 집단에 비하여 월등히 높은 참여율을 보여 주는 모습이 관찰되었고, 개인별 인터뷰를 진행하면서 학생들의 경험은 수업에의 참여뿐만이 아니라, 일상의 참여로 확대되는 경험을 한 것을 알 수 있었다.

③ 가장 열심히 참여한 것은 애플리케이션 퀴즈 시간이었어요. 저는 수업 시간에 질문 한 번도 안 하는 학생인데, 실시간 질문하기에 입력하는 것은 다른 사람 신경 쓰지 않고 질문할 수 있었어요. 드라마 보면서 수업하니까 다음 내용도 궁금했어요. 그래서 유튜브로 찾아서 미리 보고 가고. 수업 끝날 때 수업 내용으로 퀴즈 내시니까 수업 시간에 집중 안 하면 안 돼요. 다른 사람이 쓴 답도 같이 볼 수 있어서 다른 사람의 생각 알 수 있는 점이 좋았고, 저는 이런 방법이 무척 새로운 수업 경험이라고 생각합니다.

〈Y, 일본, 12월 20일 인터뷰 내용 중〉

위에서 ③학생이 언급한 것은 핑퐁4)이라는 애플리케이션이다. 학생들이 수업에 참여하는 활동을 지원하는 앱으로서 수업을 마칠 때 내용 이해를 확인하는 퀴즈나 어휘 확인 등의 활동을 하는 데 유용하며 다수의 학생들이 동시에 참여하여 참여자들이 제출한 답변을 실시간으로 확인할 수 있다는 것이 특징이다. 미참여 학생의 정보가 실시간으로 화면을 통해 공개되기 때문에 자연스럽게 참여를 유도할 수 있고 팀 티칭이 가능하다. 이 방법의 단점은 모든 학

---

4) PingPong(핑퐁)-SPOT Networking: 학생들이 수업에 참여하는 활동을 지원하는 애플리케이션. 여러 활동들 중 실시간으로 결과를 확인하는 활동에 적합하다(디지털 교과서협회, 2016)

생들이 스마트폰을 소지하고 있어야 전체적인 참여가 가능하며, 그렇지 않을 경우 스마트폰을 소지하지 않은 학생들이 소외되기 때문에 시도 자체가 어렵다. 와이파이나 데이터를 사용할 수 있는 환경이 제공되어야 한다는 점과 수업 전에 미리 기기 충전을 준비해야 한다는 것도 고지가 되어야 한다. 본 실험에서도 이와 같은 준비가 완벽하게 되지 않아 3주 차 수업부터 전체 학생들을 대상으로 처음 시도할 수 있었다. 이러한 애플리케이션 활용의 경험은 적극적인 학습 참여의 경험과 더불어 매체언어 이해에 대한 학습 경험으로도 이어졌다.

(2) 매체언어 이해에 대한 학습 경험

매체언어(Media Language)는 뉴미디어의 등장으로 인해 변화된 소통 방식으로서 말과 글에 이어 영상까지도 언어의 한 부분이 되었음을 나타내는 표현이다. 매체언어의 소통 방식은 면대면 상호작용, 매개된 상호작용, 매개된 유사 상호작용으로 구분되며 이것은 또다시 면대면 소통, 매개된 소통, 대량 소통으로 구분할 수 있다. 면대면 소통 과정에는 어떠한 매체도 필요 없고, 목소리와 표정, 몸짓 등을 통해 의미를 주고받는다(이채연, 2015). 오늘날 매체언어는 음성문자 언어와 함께 현시대의 의사소통에서 이용되는 대표적인 언어 양식으로 자리 잡게 되었다. 학생들이 접하는 언어 환경이 변화함에 따라 문식성(literacy)의 개념이 달라졌으며 매체언어를 이해함으로써 언어 교육의 궁극적인 목적인 의사소통 능력과 사고력 신장, 특히 비판적 사고 능력을 신장시킬 수 있다. 특히 최근의 한국어 학습자들은 멀티미디어와 대중 매체에 길들여진 세대로서 새로운 방식의 학습 방법이 요구되는데, 이러한 필요성 속에서 본 연구는 TV 드라마 매체를 활용한 한국어 교육 프로그램을 학습자들에게 적용하여 매체언어 이해에 대한 학습자들의 경험을 확인하고자 했다.

④ (중략) '남친, 여친, 노답, 갑질' 이런 표현 재밌고 SNS에도 많이 써요. 알바하면서 (식당) 손님들에게 먼저 인사할 때 '혼밥하세요?', '이 메뉴 강추합니다.' 이런 말하면 한국 사람들이 꼭 '한국말 진짜 잘하네요'라고 말해요. '그래도…' 이런 말도 많이 쓰고, 드라마에서는 '그런데'가 아니라 '근데'라고 말하는 거, '그러나'는 실제 대화에서는 거의 쓰지 않고. 어학원 수업에서 교재로 배웠던 것과 다른 점 많죠. '걔', '얘' 이런 말, 줄임말 같은 것도. 드라마에서 주인공의 말투가 귀엽고 새로운 표현도 많이 배워서 많이 흉내 냈어요.

〈E, 중국, 12월 22일 인터뷰 내용 중〉

⑤ 생각보다 학교에서 한국인 친구 사귈 기회가 없었어요. 2년 동안 유학생들끼리만 만나게 되니까 한국어 잘 안 늘어요. 한국어 선생님들과는 대화할 때 어려움이 거의 없는데 실제로 학부 수업에서나 밖에 나가서는 한국 사람들 말 잘 못 알아듣는 말이 많았어요. 그 부분은 드라마 수업이 도움이 됐다고 생각해요. 원래 한국 TV 안 봤는데 수업 시간에 드라마로 수업하니까 다시보기로 <도깨비> 전체 드라마 봤고, 이 드라마는 정말 재미있더라고요. 제 룸메이트(일본 여학생)가 원래 <당신이 잠든 사이에> 드라마를 열심히 보는데 저도 중간부터는 같이 봤어요. 처음에는 내용 몰랐는데 룸메이트가 내용을 설명해 주니까 나중에는 다 이해했어요. 친구도 제가 같이 보니까 더 재미있다고 하고, 드라마 내용 얘기도 같이 하고. TV를 보다 보니까 광고 같은 것도 무슨 내용인지 들리기도 하고.

〈Y, 몽골, 1월 5일 인터뷰 내용 중〉

⑥ 저는 제 주변 사람들의 말투가 충청도 사투리라는 것도 몰랐어요. 그런데 지난 방학에 부산에 놀러 갔을 때 사람들의 말이 너무 빠르다고 생각했고, 그때 처음 표준어와 지역 사투리의 차이를 알게 되었어요. 글자가 같아도 말하는 속도나 억양, 세기, 표정에 따라 그 뜻이 달라진다는 것도 알게 되었어요. 저는 저희 전공 교수님의 말투가 좀 재미있다고 생각했는데 그게 전라도 사투리라는 것을 드라마 보고 알게 됐어요. 전라도에는 가본 적이 없었지만 강의 시간에 <응답하라 1994> 드라마 장면 보면서 구수한 전라도 사투리의 매력도, 거칠고 강한 경상도 사투리의 특징도 알게 되었습니다. 저는 사투리로만 전할 수 있는 정겨운 표현이 있다고 생각합니다. 그리고 이것이 한국어를 풍요롭게 만드는 하나의 중요한 문화유산이라고 생각합니다.

〈S, 중국, 1월 5일 인터뷰 내용 중〉

⑦ 핑퐁(어플리케이션) 퀴즈 시간이 제일 재미있었고, 유익했던 것 같아요. (중략) 처음에는 한글로 입력하는 것이 어려워서 제한 시간 안에 정답 하나도 못 썼는데 10월 마지막 주부터는 거의 제가 정답을 제일 먼저 제출했고, 정답률도 높았어요. 전에는 영어로 했는데, 이제는 SNS에 한글 사용해요. (다른 수업과 달랐던 점은) LMS 활용입니다. 과제를 스마트폰으로 LMS에 바로 올리거나 수정할 수 있으니까 편리했어요. 버스에서도 쓰기 숙제했어요. 수업 시간에 본 동영상 파일과 읽기 자료를 E-class에 URL로 올려주셔서 언제든지 유튜브로 다시 볼 수 있으니까 좋았습니다.

〈J, 방글라데시, 12월 22일 인터뷰 내용 중〉

위에서 ④와 ⑤는 모두 교재가 아닌 드라마 매체를 통해서 새롭게 이해하게 된 경험을 이야기하고 있다. ⑤가 드라마 내용을 룸메이트와 함께 이야기하는 것은 매체언어를 이해함으로써 의미를 재구성하고 있는 것이다. '언어'는 주로 의사소통에 관여하는 것으로 기호 양식(형식)과 의미(내용)로 이루어진 상징체계이다. 기호 양식 중에서도 언어적 기호인 음성과 문자로 이루어진 것이 언어이지만 실제로 언어가 실현되는 상황에서는 음성과 문자와 같은 언어적 기호 양식 외에 반언어적·비언어적 기호 양식을 수반하는 경우가 많다. 즉 언어 행위를 하기 위해서는 언어적 기호 양식은 필수적으로 나타나고 반언어적·비언어적 기호 양식은 수의적인 것이다.

④의 경험은 매체언어의 이해를 통하여 실제적으로 언어 구사 능력이 향상된 경험에 대한 것이다. "한국말 진짜 잘하네요"라는 말은 한국 사람처럼 자연스럽게 말한다는 칭찬이고, 이러한 경험은 학습 자신감으로 이어진다. 드라마 '도깨비'에 나오는 등장인물들의 대사는 구어체와 문어체가 섞여 있다. 배우들의 발음은 명확한 편이고, 실제적 의사소통 상황에서와 같은 신어와 비속어가 포함되어 있으며 상황에 따른 적절한 감정 이입은 학습자들의 주의를 집중시키기에 적당하다. 외국인 학습자들에게 교수해야 할 문화 교육 내용 가운데 '행동 문화'는 일상생활의 총체를 지칭하는 것으로, 행동 문화는 성공적인 의사소통에 필수적일 뿐만 아니라 문학이나 다른 문화의 유형을 이해하는 데에도 반드시 필요하다(강현화, 2006). ⑦은 드라마 수업에서 실시한 시청 후 활동 가운데 내용 이해를 확인하고 학생들의 참여를 유도하는 어플리케이션 퀴즈의 참여와 과제 제출 등에 활용한 LMS 이용에 대한 자신의 경험을 이야기하고 있다. 정현선(2007)은 멀티리터러시와 관련하여 다양한 뉴미디어를 읽고 쓰는 능력, 매체를 활용한 일상적인 정보 습득과 사회적 의사소통 능력을 미디어 리터러시라고 정의했다. 모바일 기기에서 한글을 사용해 본 경험이 없는 학생이 수업 시간의 경험으로 인해 SNS에서도 한글을 사용하게 된 경험은 매체언어의 이해가 일상생활에

서 적용된 것이다.

⑥의 경험은 언어와 문화를 교육하는 데 왜 드라마 매체가 활용되어야 하는가에 대한 또 하나의 관점을 보여 준다. 학습자는 처음에는 사투리를 알아듣지 못했지만 '알면 알수록 재미있고 정겨운 말'이라고 말하면서 각 지역의 사투리를 '한국어를 풍요롭게 만드는 한국의 문화유산'이라고 표현했다. 이와 관련하여 오선영(2017)은 방언을 사용하는 지역에 거주하는 유학생을 대상으로 듣기 수업에서 지역어를 교육할 수 있는 방안을 제시했다. 이는 각 지역에서 공부하는 외국인 유학생들이 지역민들과 소통하기 위하여 지역어를 학습하여야 하는 필요성을 인식하고, 학습 도구로써 드라마를 활용한 것이다. 지역어는 전통적 한국어 수업에서는 다루지 않는 의사소통을 가로막는 요소들(왕효성, 2010; Hymes, 1971) 가운데 하나로, 드라마에는 표준어를 비롯하여 여러 지역의 언어인 '사투리'가 들어 있다. 자연스럽게 여러 지역어의 특징과 표현 방식에 담긴 의미를 이해할 수 있게 하는 것으로, 이는 드라마 매체를 활용한 프로그램의 효용성으로 설명될 수 있다.

(3) 문화적 문식성에 대한 학습 경험

강란숙(2016)은 국외 한국학 교육 현장에서 이루어지는 문화 교육 자료로서 '아리랑 TV' 방송 프로그램 영상 자료를 활용하고 학습자들의 반응을 조사했다. 그 결과 아리랑 TV 영상 자료는 전통과 현대의 상황을 실제적 상황으로 재현한 드라마 형식으로 구성되는 특성으로 인해 외국인 학습자들이 흥미를 갖고 한국 문화를 깊이 있게 이해하는 자료로서 활용 가치가 있다는 결론을 제시했다. 이러한 관점에서 본 연구에서 활용하는 드라마는 그 내용의 특성상 전통과 현대의 시대적 배경과 상황을 모두 다루고 있어서 전통문화와 현대 문화를 동시에 교육하는 데 적합하며, 주인공의 처지와 등장인물들의 직업과 관계, 배경, 생활수준의 차이 등을 통하여 실제 현재의 한국 사회를 간접 경험하고 이해하는 자료로서 활용 가치가 있다. 언어는 그것을 함께 사용하는 사회의 구성원들과 공유되며 한 사회 안에서도 지역과 속성에 따라 다르게 나타난다.

문화와 언어는 불가분의 관계라고 할 수 있다. 디지털 기술의 비약적인 발달에 따라 온라인 수업은 물론이고 스마트폰을 이용하여 통번역 기능을 자유자재로 사용할 수 있는 시대가 왔지만, 외국인 유학생의 숫자가 꾸준히 증가하고 있는 것은 단순히 한국어를 배우기 위함만이 아닌 한국 문화를 직접 경험하고 이해하기 위함이라고 할 수 있을 것이다. 사전 설문 조사 결과에서 보면 한국의 대중문화인 한류가 한국으로의 유학을 결정하는 데 영향을 미쳤다는 답변이 34%를 차지하고 있다. 이를 통해 K-pop과 영화, 드라마 등이 그만큼 매력적인 수업 소재가 될 수 있고, 한국 현대 생활 문화의 모습을 그대로 재연해 놓은 장면들과 실제적인 드라마의 갈등의 요소들과 그것을 풀어가는 과정은 한국의 생활 문화와 한국 사회 문화를 복합적으로 이해하고 비판적으로 수용할 수 있는 능력을 기르는 데 충분히 가치 있는 자료가 될 수 있다는 것을 알 수 있다.

⑧ 스리랑카의 TV에서 한국 드라마를 많이 방영합니다.5) 제가 어릴 때 스리랑카에서 처음 본 한국 드라마는 <대장금>이었습니다. 이 드라마를 할

---

5) 스리랑카에서 2012년 11월-2013년 3월까지 방영한 한국 드라마 대장금의 시청률은 99%를 기록했다. 이란에서 80%의 시청률을 기록하였고, 홍콩에서는 47%를 기록하였으며, 루마니아 공영방송 TVR은 2013년 심각한 경영 위기에서 한국 드라마 대장금의 방영으로 위기를 극복한 사례가 알려지기도 했다(http://m.etoday.co.kr).

머니와 저희 가족 모두가 재미있게 봤습니다. 문화가 다르지만 스토리를 이해할 수 있었습니다. 저는 드라마에 나온 한국 음식을 정말 먹어보고 싶었습니다. 그냥 배고파서 먹는 음식이 아니라 의학적이고 예술적인 가치가 있다고 생각했습니다. 한국 음식이 정말 좋은데 세계인들에게 더 많이 보급되기 어려웠던 이유는 다양한 재료하고 간단하지 않은 요리 방법에 시간과 노력이 아주 많이 필요한 이유가 아닐까 생각합니다.

몇 년 전에는 드라마 <별에서 온 그대>가 스리랑카에서 엄청나게 인기가 있었고, 지금은 한국 술인 '소주'도 스리랑카에서 살 수 있습니다. 저의 한국의 역사와 문화에 대한 관심은 <대장금>에서 시작되었다고 생각합니다. 그러니까 이 수업이 정말 좋았고, 앞으로 다른 드라마로 또 수업을 듣고 싶습니다. 저는 한국 전통문화에 관심이 많기 때문에 <대장금> 같은 역사극을 앞으로도 더 보고 싶습니다.

〈I, 스리랑카, 12월 16일 인터뷰 내용 중〉

⑨ 드라마에서 왕이 '간신'에게 속고 '충신'을 죽이는 스토리는 중국의 역사 드라마와 비슷하다는 생각을 했어요. 사람이 죽은 후에 신에게 벌을 받는 장면들을 보면서도 한국과 중국 사람들이 비슷한 상상을 갖고 있다고 생각해요. 그러나 중국 드라마와 다른 점은 한국의 드라마가 화면과 CG 기술 등에서 훨씬 더 세련된 느낌이 있고 배우들의 대사나 연기가 무척 재미있게 표현된다는 점이에요. 인터넷으로 중국어 자막으로 드라마 볼 때보다 이 수업에서 한국어로(대사를 직접 배우면서) 볼 때가 더 재미있는 표현이 많았어요. (중략) 수업 시간에 선생님이 보여 준 한국의 옛날 미인도를 보고 학생들이 예쁘지 않다고 다들 웃었는데 중국의 옛날 미인도와 정말 비슷했어요. 중국과 한국의 전통문화에는 공통점이 정말 많아요.

〈S, 중국, 12월 17일 인터뷰 내용 중〉

⑩ 저는 어렸을 때부터 한국 드라마를 정말 좋아했어요. 특히 중학교 때

<별에서 온 그대>를 보고 저런 여자들이 살고 있는 한국에 가고 싶다고 생각했고, <태양의 후예>를 보고 나서 군인이 되고 싶다고 생각했어요. 군인들의 말투를 흉내 내기도 하고…. 한국 드라마를 볼 때마다 거기에서 나오는 직업이 제 꿈으로 바뀌었어요. 그러다가 드디어 지난 학기에 교환학생으로 한국에 왔어요. 그런데 한국 드라마 수업이 있다는 사실을 알고 너무 기뻤고, 수업도 정말 재미있었어요. <도깨비>의 이야기에서의 '전생'이나 '환생' 같은 소재도 새로웠고. 일본 문화와 비슷한 부분이 많아서 낯설지 않았어요. 이 드라마가 실제와 다른 것은 실제로 한국에서 제가 본 치킨집 사장님은 대부분 남자라는 거예요.

〈Y, 일본, 12월 17일 인터뷰 내용 중〉

서경혜(2013)는 한국어 교육에서 문화 간 의사소통 능력 향상을 목적으로 드라마를 활용하는 방식에 대하여 연구했다. 문화 간 의사소통 능력은 그 문화를 공유하는 사람들의 가치 체계에 대한 이해가 바탕이 된다. 드라마 〈대장금〉은 역사적 스토리와 함께 한식의 정신과 문화적 가치를 드라마 전면에서 보여 주고 있으며 ⑧은 이 드라마를 통하여 한국의 전통적인 음식 문화에 대해 관심을 갖게 되었다고 말하고 있다. 단지 보기 좋고 맛있는 음식이 아닌, 사람의 몸에 필요한 영양과 정성이 가득한 한식의 가치에 대한 동경을 드라마 주인공 '장금'을 통하여 갖게 된 것이다. ⑨는 이 드라마를 통하여 중국과 한국의 역사와 사후 세계관, 그리고 전통적인 미의 기준에 대한 문화적 공통점을 발견한 것에 대하여 이야기하고 있다. 이 문화권의 학습자들은 같은 주제를 놓고 문화적으로 비교하거나 차이를 인식할 수 있고 이것은 문화 간 소통 능력으로 연결된다. Byram(1997)은 문화 간 의사소통 능력을 언어적 능력, 사회언어적 능력, 담화적 능력, 문화 간 능력으로 구성되었다고 보았다.

그중에서도 특히 문화 이해를 근간으로 하여 모든 구성요소들 사이에 활발한 상호작용이 일어난다고 주장하며 문화 간 소통 능력의 중요성을 강조했다. 외국어 학습자를 대상으로 한 언어교육에서 기대할 수 있는 가장 바람직한 결과는 학습자가 타인과의 관계를 자신의 문화를 기반으로 하여 대화 상대자의 문화적 신념, 행동, 의미를 이해하고 다룰 줄 아는 문화 간 소통 능력을 갖추는 것이라고 보았던 것이다.

⑩은 드라마를 통해서 다양한 한국인들의 직업 세계에 대하여 간접 경험을 하고, 실제 한국에 와서 느끼게 된 차이점에 대하여 이야기하고 있다. 언어는 그것을 사용하는 사람들의 사회문화적 특성과 밀접하게 관련되어 있기 때문에 사극이 역사 교육을 위한 도구로서 쓰일 수 있는 가능성과 현대의 생활 문화의 모습을 그대로 재연해 놓은 현대극의 장면들은 한국의 생활 문화와 한국 사회 문화를 복합적으로 이해하고 비판적으로 수용할 수 있는 능력을 기르는 데 가치 있는 자료가 될 수 있다는 것을 알 수 있다.

의사소통 능력이란 단순히 언어를 문법적으로 정확하게 구사하는 언어 능력만을 가리키는 것이 아니라 사회문화적 맥락에서 적절하고 성공적인 의사소통 기능을 수행하게 하는 문화적 이해 능력까지도 요구되는 것이다(김재영, 2004). 문화는 일정한 목적이나 생활 방식이 그 사회 구성원들에 의해 습득, 공유, 전달되는 행동 양식이고 그 과정에서 이루어낸 물질적·정신적 소득을 통틀어 이르는 것이다. 문화에는 의식주를 비롯하여 언어, 풍습, 종교, 학문, 예술, 제도 따위가 모두 포함되어 있다. 이것은 문화적 문식성이라는 개념으로 정의될 수 있다. 드라마 속에는 이 모든 분야의 문화가 녹아 있다. 한국인들이 어떻게 하루하루를 사는지와, 직장 생활이나 사회생활에서 사회와 소통하는 방식에 대해 자연스럽게 보여 준다. 특별한 의미와 가치를 부여하는 공통의 의식이 나타나고 이것은 외국인들에게 한국 사람들과 자연스럽게 공감하는 방법을 알려줄 수 있다. 이러한 점에서 드라마를 활용한 한국의 문화적 문식성에 대한 학습 경험은 의미가 있는 것이다.

한국 드라마에는 단순히 사랑 이야기만 있는 것이 아니다. 한국의 일반적인 현대 가정집의 모습부터 한옥과 한식을 소재로 한 인기 드라마들이 있고, 드라마의 소재로는 고부간의 갈등, 각종 직업들과 직장 내 서열 문화, 입시 경쟁과 여러 형태의 차별, 서민과 재벌까지 등장하며 한국 특유의 생활 문화와 고유의 정서를 보여 준다. 흡인력 있는 스토리는 학습자들에게 공감과 재미를 넘어선 한국 문화에 대한 정보와 이해, 간접 경험, 그리고 실생활에의 적용으로 이어질 수 있는, 살아 있는 한국어와 한국 문화를 배울 수 있는 문화적 문식성에 대한 실제적 교육 자료로 유용하게 활용될 수 있다.

(4) 복합적 사고에 대한 학습 경험

19세기 초반까지 교과서는 '암기'의 대상이었으나 최근 유럽의 초등학교에서는 교과서적 지식이 곧 상상력의 '덫'이라고 말하며 교과서 없는 수업을 하기도 한다.6) 이것은 학습은 교과서를 외우는

---

6) 영국의 공립 초등학교 클리브스 스쿨에서 도입하고 있는 방법으로 교과서를 없앤 교육 방식인 『프로젝트 학습』은 흔히 학생들의 공부와 관련지어 생각할 때 등장하는 세 가지 요소인 학교라는 장소, 교과서에 국한된 학습 자원, 그리고 가르침의 주체로서의 교사의 위치와 역할을 완전히 뒤바꾸어 접근하는 수업 방식이다. 교실에 국한되어 있는 학습 장소는 오프라인 교실을 넘어 온라인 공간을 수용하고 열린 사회와의 연계를 꾀한다. 또 교과서를 넘어 생활 속에 존재하는 모든 내용, 모든 사람, 모든 자료를 활용하며, 가르침의 주체로 존재해 왔던 교사 대신 학생이 배움의 주체로서 위치하는 등 권위와 역할을 뒤집어 적용하여 신나고, 재미있는 학교 수업이 될 수 있도록 도와준다. 성공적인 프로젝트 학습을 2단계로 나누어 설명하고, 성공적인 프로젝트 학습 사례를 사진과 함께 수록하여 프로젝트 학습을 교육 현장에서 활용할 수 있도록 했다.

것으로 완성되는 것이 아니며 자율적으로 학생들의 수준에 맞춰서, 학습의 목표를 교과서에서 다루는 내용을 외워서 달성하는 것이 아닌, 더 추상적이고 어려운 지식을 이해하기 위한 것으로 보고 있다. 이러한 의미에서 교과서, 교재는 양적 평가에 적합한 근대적 양식이라고 할 수 있다. 교재는 학습을 위한 보조 수단으로 바뀌고 있는 것이다. 학생들에게 TOPIK이 양적 평가라면, 논술이나 면접은 질적 평가인 것이다. Thoman(1998)은 다음과 같은 압축된 다섯 가지 질문을 갖고 미디어를 분석하는 것이 바람직하다고 했다.

첫째, 메시지를 구성한 사람은 누구이며 그 의도는 무엇인가?

둘째, 주의를 끌기 위해 사용한 테크닉은 무엇인가?

셋째, 메시지에 담긴 생활양식, 가치, 그리고 견해는 무엇인가?

넷째, 나와 다른 사람들은 이 메시지를 어떻게 다르게 받아들일까?

다섯째, 이 메시지에서 삭제되거나 제외된 것은 무엇일까?

이와 같은 질문들은 학습자들이 멀티리터러시 향상을 위하여 드라마라는 미디어의 한 장르를 활용하는 데 중요한 의미가 있다. 매 차시별로 주어진 주제에 따라 암기가 아닌 사고 도구로서 드라마를 활용하는 것이다. 이는 활동과 과제를 통해 추론적 사고-비판적 사고-복합적 사고로 이어지도록 설계하고자 하였으며 학습자들의 경험은 그 가능성을 보여 주었다.

⑪ 요즘은 <이번 생은 처음이라>라는 드라마를 정말 재미있게 보고 있어요. (지난 학기까지는 기숙사에 살아서 방에 TV가 없었어요. 그런데 이제는 제 원룸에 TV가 있어요.) 저는 이 드라마 주인공 남세희의 캐릭터가 너무 좋아요. 이민기는 제가 한국에 오기 전부터 좋아하는 배우예요. 저도 이

드라마의 주인공처럼 나중에 돈을 많이 벌고도 결혼은 하지 않는 '비혼족'이 (되고 싶다)라고 생각했어요. 하지만 이 드라마에서 주인공의 생각이 변하는 것을 보면서 나도 결혼이 싫은 게 아니라 결혼을 하고 나서 가난하게 사는 게 싫은 것이었나 하고 생각하게 됐어요.

〈E, 중국, 12월 20일 인터뷰 내용 중〉

⑫ 저는 이 드라마를 보면서 주인공이 집에서 나갈 때마다 "다녀오겠습니다"라고 말하는 것을 보고 그 말이 참 좋은 말이라고 생각했어요. 보통 베트남에서는 집에서 나갈 때 그냥 "저 갈게요"라고 말해요. 그런데 한국에서는 "저 갈게요" 말고 "다녀올게요"라고 말을 해요. 저는 이 말이 약속 같은 말이라고 생각해요. 어딜 가든 얼마나 오래 걸리든 다시 돌아온다는 말이에요. 제가 한국에 올 때 엄마가 공항에서 많이 울었는데 제가 "다녀올게요"라고 말하지 않고 "나 갈게"라고 말하고 온 것이 생각나서 미안했어요. 베트남에도 한국처럼 "다녀오겠습니다"라고 말하는 문화가 있으면 좋겠다고 생각했어요. 또 하나는 "수고했어요"예요. 이 말도 베트남에는 없는 표현이에요. "수고했어요"는 제가 가장 듣고 싶고, 해 주고 싶은 말이에요. 이 말은 나의 모든 노력을 보상받는 기분이 드는 말이에요. 한국말은 정말 좋은 표현이 많고, 또 사람들이 그 말을 많이 사용한다고 생각해요. 말을 하면서 좋은 감정도 느낄 수 있고요.

〈W, 베트남, 12월 20일 인터뷰 내용 중〉

⑬ 한국 여학생들이 제가 보기에는 날씬한데도 계속 다이어트를 하고, 운동하고, 아침 일찍 일어나서 학교 가기 전에 화장하는 모습을 보고 '드라마에서 본 모습이 진짜구나'라는 것을 느꼈어요. 제가 다니던 학교에서는 학생들이 학교에 갈 때 화장을 하지 않아요. 한국에서는 몸이 뚱뚱하거나 자신을 가꾸지 않는 것을 게으르거나 의지가 약한 사람이라고 좋지 않게 생각하는 것 같아요. 한국 사회에서는 외모 관리가 가장 중요한 '스펙' 가운데 하나라

는 생각이 들었어요. 오랜만에 만난 친구가 '살 빠졌네'라고 하면 한국에서는 많은 사람들이 살찌는 것을 싫어하니까 '예뻐졌다'와 같은 뜻의 칭찬의 표현이 되는 거죠.

〈S, 중국, 12월 17일 인터뷰 내용 중〉

⑭ 여자 주인공의 캐릭터를 기억하니까 찾을 수 있었어요. 저는 중국 사람이 아니기 때문에 한자로 만든 한국어 단어 뜻을 이해하는 것이 정말 어려워요. 그런데 조실부모, 현모양처, 부창부수, 백년해로 이런 사자성어의 뜻은 교수님이 드라마 장면을 보면서 설명해 주신 게 기억이 나서 기말시험에서 안 틀리고 다 맞았어요. (중략) 8회에서 여자주인공과 남자주인공이 싸울 때 남자가 한 말이 기억났어요. 여자가 남의 집에 마음대로 들어왔으니까 무단침입, 주인 모르게 물건을 가져갔으니까 절도죄라고 말했어요. 저승이 알고 있었지만 말해 주지 않았기 때문에 공범이라고 화를 냈거든요.

〈J, 방글라데시, 12월 18일 인터뷰 내용 중〉

⑪과 ⑫, ⑬의 경험은 Thoman(1998)의 미디어를 분석하는 다섯 가지 압축된 질문 가운데 '메시지에 담긴 생활양식, 가치, 그리고 견해는 무엇인가?', '이 메시지에서 삭제되거나 제외된 것은 무엇일까?'에 대한 이해를 포함하고 있다. ⑪은 드라마를 통하여 한국의 젊은이들이 갖고 있는 '비혼'에 대한 인식과 그러한 현상에 대하여 현실적·사회 경제적 관점에서 이해하였고, ⑫는 한국인들이 습관처럼 사용하는 말 가운데 '다녀오겠습니다'와 '수고했어요'에 담긴 가치를 이야기하고 있다. 학습자는 드라마에서 주인공이 '다녀오겠습니다'라고 말하고 집을 나서는 장면에서 한국인들의 이 말이 그냥 집에서 나가는 인사가 아닌 '잘 돌아오겠다'는 약속 같은 말이라고 인식했다. 또한 자신의 나라에서는 '수고했어요'와 똑같은 말

은 없고, 대신 '고맙다'는 표현을 쓰는데, 이것은 '수고했어요'가 갖고 있는 '인정'에 대한 감정이 빠져 있는 말이라고 덧붙였다.

⑬은 한국 사회에서 외모 관리가 갖는 의미에 대하여 게으른 것을 싫어하고 부지런한 것을 미덕으로 여기는 한국인들의 가치에서 찾았고, '살 빠졌다'라는 말에 삭제된 칭찬의 의미를 발견하였는데 이는 전통적인 교재 수업에서는 다루지 않는 정신문화에 관한 부분으로, 한국어와 문화 교육에서 멀티리터러시 향상을 위하여 드라마라는 미디어의 한 장르를 활용하는 것이 실제적 언어활동과 다중적인 의미 이해에 중요한 의미가 있음을 알 수 있다.

학습의 효과는 학습한 내용이 학습자의 머리에 얼마만큼 남아 있는가라고 볼 수 있다. 학습한 내용을 잘 기억하고 못 하고는 지능지수 때문만은 아니며 어떤 방식으로 머릿속에 내용을 입력하느냐에 따라 달라진다. ⑭는 방글라데시에서 온 유학생으로, 한자어 학습의 어려움과 그것을 극복하는 과정을 설명하고 있다. 한자성어(고사성어)는 비유적인 내용을 담은 함축된 글자로 상황, 감정, 사람의 심리 등을 묘사한 관용구이다. 일상생활에 많이 사용되며 한자문화권이 아닌 지역의 학습자들에게는 낯설고 어려울 수밖에 없다. 이러한 ⑭의 학습 경험은 Mayer(2009)의 멀티미디어 학습이론의 효과로 설명할 수 있다. 학습의 효과는 '학습한 내용이 학습자의 머리에 얼마만큼 남아 있는가'라고 볼 수 있다. 학습한 내용을 잘 기억하고 못 하고는 지능지수 때문만은 아니며 어떤 방식으로 머릿속에 내용을 입력하느냐에 따라 달라진다. Mayer의 인지 이론(1992)에 따르면 뇌는 단어, 그림 및 청각 정보가 멀티미디어로 표현된 것을 따로따로 해석하지 않고 오히려 이 요소들이 통합된 논리적 심상을 만들어내기 위해 역동적으로 선택하고 조직화한다는 것을 보여 준다. 본 연구에서 제시한 프로그램에 참여한 실험 집단의 학생들은 사전, 사후 테스트를 통해 한국어 능력 향상에 유의한 차이를 보여 주었는데, 이는 특히 관용적 표현, 경제 용어나 법률 용어 등의 고급 어휘를 포함한 문화의 이해 관련 문제에서 유의한 차이를 나타냈다. 인터뷰 대상자들에게 이에 대한 질문을 통하여 답을 들을 수 있었는데 이는 드라마 장면에서 본 시각적 이미지와 상황에 대한 이해를 바탕으로 된 것임을 알 수 있었다. 문자 텍스트만으로는 이해하기 힘든 한국의 전통문화의 이미지나 전통 사상에서 비롯된 행위 등은 이미지를 통해서 쉽게 이해할 수 있고, 드라마를 매개로 간접 경험을 할 수 있었음을 알 수 있었다. 실제로 인터뷰를 진행하는 가운데 많은 학습자들이 교실에서 학습한 결과를 실생활에서 연습한 경험이 거의 없다고 밝혔으며, TOPIK 시험에서 4급 이상의 득점을 거둔 학습자들의 경우에도 실생활에서는 그만큼의 역량을 발휘하지 못한다고 느낀다고 밝혔다. 이는 학습 방법에 대한 재고가 필요함을 시사하는 것이다.

영국의 'V'사는 영국식 영어를 영국 문화와 함께 배울 수 있는 교육 애플리케이션을 출시하였는데, 이 서비스는 기존의 교재 중심의 학습과는 전혀 다른 VR 개념의 방식으로, 교육과 문화 습득을 동시에 진행하는 데 초점을 맞추었다고 밝히고 있다. 이용자들은 런던에 직접 방문하고, Westminster Bridge의 풍경과 영국의 실제 가정집의 모습을 간접 경험할 수 있기 때문에 단편적인 지식이 아닌 통합적인 언어와 문화 습득을 가능하게 한다. 이것은 다양한 매체 기술을 폭넓게 활용하여 학습자의 멀티리터러시를 향상시키고자 하는 본 연구의 목표와도 부합하는 것이다.

2. 연구의 의미

이 실험을 진행하며 연구의 목적은 외국인 학습자의 한국어 멀티리터러시 향상을 위한 한국어 교육 목표와 내용 및 운영 절차를 담는 프로그램을 제안하고 이를 적용하여 효과를 확인하는 데 두었다. 이를 위해 선행 연구와 이론적 검토를 통해 프로그램의 목적과 목표를 설정하고 내용 및 운영 절차를 구성하여 타당성을 검증했다. 이후 16주간 외국인 유학생을 대상으로 프로그램을 적용하였으며 연구 문제 확인을 위한 자료를 수집하고 분석했다.

연구 결과, 프로그램 참여 집단이 통제 집단에 비하여 한국어 능력 평가에서 통계적으로 유의미한(t=2.05 p<.05) 향상이 있음을 확인했다. 이러한 향상 정도는 집단 내 변화(t=-10.108, p<.001)에서도 확인되었다. 또한, 프로그램 참여 집단과 통제 집단의 학습 흥미(t=3.93, p<.001), 참여(t=5.11, p<.001), 자신감(t=4.43, p<.001) 비교에서도 모두 통계적으로 유의미한 수준에서 프로그램 참여 집단이 높았다. 프로그램 참여 집단의 시간에 따른 집단 내 변화에서도 흥미(t=-12.727, p<.001), 참여(t=-11.890, p<.001), 자신감(t=-11.842, p<.001) 등 모든 영역에서 유의미한 향상을 보였다. 또한 프로그램 참여자의 멀티리터러시 학습 경험의 이해를 위한 질적 자료 수집과 분석의 결과, 드라마 활용 한국어 교육 프로그램 참여 집단의 경험은 '학습 재미와 참여', '매체언어 이해', '문화적 문식성', '복합적

사고' 등 4개의 주제로 수렴되었다.

이러한 결과는 전통적 관점에서의 제2언어 교육 방법과 매체의 한계로 지적되어 왔던 환원적 관점을 극복하고 보다 총제적인 언어 교육의 방안을 모색하고자 시도되었던 관련 연구(정현선, 2005, 2011; 최정순·송임섭, 2012; 안희진, 2011; 백재파, 2018) 등과 맥락을 같이하는 것이다. 이와 관련하여 최정순·송임섭(2012)은 한국과 한국인, 한국어와 문화 전반에 내재되어 있는 한국의 특수한 역사와 정치적 상황들에 대한 문화적 이해는 외국인 유학생을 위한 한국어 교육에서 반드시 필요한 부분이라고 지적하기도 했다. 본 연구에서 제시한 영상 매체를 활용한 멀티리터러시 프로그램이 당대의 사회적 맥락과 상황을 어떻게 해석하고 그것을 매개로 사람들이 어떻게 소통하는지 미디어를 통해 전달했다는 점에서 이러한 요구를 어떻게 충족할 것인지에 대한 방향을 제시했다고 볼 수 있다.

안희진(2011)은 미국 드라마를 활용한 수업과 교재 중심의 전통적 수업을 비교하여 참여 학생들의 정의적 태도 및 인식을 조사했다. 연구 결과 두 집단 학습자의 흥미도, 자신감, 수업 참여도, 학습 태도의 네 가지 영역에서 통계적으로 유의한 차이가 나타났으며, 이는 드라마를 활용한 수업이 학습자들의 정의적 영역에 긍정적인 영향을 끼쳤음을 보여 주는 결과로서 본 연구의 결과를 부분적으로 지지하고 있다. 정현선(2005)은 국어과 교육 과정 내용에 대한 여섯 영역으로는 의사소통 능력의 신장이라는 언어 교육의 목표에 부합하는 방식으로 매체를 수용하기 어렵다는 문제의식을 제기했다. 이에 시각 언어와 문자 언어, 음성 언어 등이 복합적으로 작용하는 멀티리터러시의 개념을 제시하고 후속 연구(정현선, 2011)로서 미디어 콘텐츠를 활용하여 학습자의 문화적 문식성과 간문화적 (intercultural) 감수성 교육에 활용했다. 이는 본 연구에서 기존 방식의 한국어 교육의 목표와 구별하여 드라마 매체를 활용한 멀티리터러시 교육 목표로서 논의하고자 하였던 부분으로, 이는 학습자들의 경험을 통하여 확인할 수 있었다.

학습자들의 경험을 분석한 자료를 살펴보면 첫째, 학생들은 공통적으로 외국어 공부에서 오는 어려움과 이를 극복하는 한 가지 방법으로 드라마 수업을 이야기하고 있었다. 이는 앞서 설문지 분석 결과에서 보여 주는 수업 만족도 가운데 학습 흥미도의 결과와 일치하는 경험이라고 할 수 있는 것이다.

두 번째로 학습자의 학습 참여도의 향상에 대하여 대다수가 긍정적인 반응을 보였으며, 출석률에 있어서도 실험 집단의 학생들은 16주간 전체 96.5%의 출석률을 기록했다. 이는 드라마 수업에 참가한 학생들의 참여율과 이러한 방식의 수업에 대한 관심도가 상대적으로 높았음을 나타내는 결과라고 할 수 있다. 세 번째로 학습 자신감에 대한 사후 결과 역시 실험 집단이 통계적으로 유의미하게 높은 평균값을 보이며 통제 집단과 다른 집단적 특성을 보였으며 이는 박정하(2005), 성지희(2007) 등이 대학생을 대상으로 영화 등의 실제적 영상 자료를 활용한 수업을 진행한 연구의 결과와도 일치한다. 영화를 활용한 수업 방식을 통해 학습자들의 태도가 주체적으로 바뀌었고, 학습 자신감 향상에 긍정적인 영향을 미쳤다는 것이다. 특히, 영화 활용 학습을 통해 듣기 능력이 향상되었다는 인식을 하였는데, 이는 본 연구의 실험 집단 학생들의 반응과도 일치하는 부분이었다.

본 연구에서는 학습자들이 드라마 수업에 대해 어떻게 인식하고 있는지를 알아보기 위해 실험 집단만을 대상으로 사후 인식 및 태도 설문 조사를 실시했다. 실험 참여자들의 프로그램 참여 경험을 보다 심층적으로 이해하기 위하여 소그룹 개별 인터뷰를 실시하여 그 의미를 분석하였는데, 귀납적인 내용 분석의 결과를 고찰하였을 때 학습자들은 기존의 방식에서 벗어난 새로운 형식의 수업에 흥미와 호기심을 느꼈으며, 이는 수업에 대한 높은 참여율로 이어진 것으로 보인다. 또한 드라마의 내용이 실제로 경험하였거나 문화의 차이와 상관없이 공감할 수 있는 인생 이야기로 이해하기 쉬우며 이는 성취감과 학습에 대한 자신감으로 연결된다고 말하고 있다.

의사소통은 사람과 사람 사이에서 정보와 생각, 감정이 교환되는 것을 말한다. 즉 의사소통은 언어와 비언어 등의 수단을 통하여 의견과 감정, 정보를 전달하고 피드백을 받으면서 상호작용하는 과정인 것이다. 심리학자 Mehrabian(1971)은 사람이 소통하는 데 동작 등의 시각적 요소가 55%, 목소리 등 청각 요소가 38%의 영향을 미친다고 했다. 이 Mehrabian(1971)의 법칙은 소통에서 시각과 청각의 요소가 얼마나 중요한지를 보여 준다. 이 연구는 이러한 관점에서 실제적 의사소통을 숙달시키기 위한 효율적인 도구로서 영상 미디어 매체 가운데 국내외에서 큰 인기를 끌었던 한류 드라마〈도깨비〉를 제시하였고, 이를 한국어 수업에 활용함으로써 현재를 살아가는 한국의 젊은이들의 생활 문화를 사실적으로 보여 줄 뿐만 아니라 한국의 전통 사상과 한국인의 관념적 사고, 세계관, 나아가 사회현상까지 아우르고자 했다. 이와 같이 한국 특유의 정서를 이해하고 일상생활에서 직·간접적인 소통의 기술을 습득하는 것을 멀티리터러시 능력으로 해석하여 한국 사회 문화를 복합적으로 이해하는 데 도움을 주는 교육 프로그램으로 차별화하여 그 효과를 검증하고자 했다.

또한 이 책에는 드라마 수업이 학습자의 한국어 능력 향상과 정의적 요인에 미치는 효과, 그리고 이러한 방식의 학습 경험이 학습자의 멀티리터러시의 향상에 미치는 영향을 구체적으로 알아보고자 다양한 방법론을 혼용하여 연구를 진행하였고 그 결과를 고스란히 담으려 노력했다. 사전 사후 통제 집단 설계를 통하여 드라마 수업이 학습자의 실제 한국어 듣기, 읽기 능력 향상에 효과가 있었는지를 검증하고자 하였고, 사전 사후 설문 조사를 통하여 학습자의 흥미도, 학습 자신감, 학습 참여도의 세 가지 영역에서 통계적으로 유의한 차이가 있었음을 확인했다. 또한 심층 인터뷰를 통한 질적 자료 수집과 분석 결과에서 드라마 활용 한국어 교육 프로그램 참여 집단의 경험은 '학습 재미와 참여', '매체언어 이해', '문화적 문식성', '복합적 사고'로 나타났다. 한국어 능력 향상도에 대한 객관적 파악과 당사자 경험의 심층적 이해를 위하여 각각의 방법론이 도출한 결론은 차이점이 있었는데, 양적 연구로서 객관적 효과를 확인할 수 있었고, 질적 연구에서는 프로그램 참여자의 주관적 경험 세계를 이해할 수 있었다. 이러한 경험은 정의적 영역에서의 학습 동기에 유의미한 영향을 준 것으로 해석된다. 또한 실생활 언어와 유사한 드라마 매체에서의 언어를 이해하고, 학습자가 한 사회 및 문화에 참여하는 데 요구되는 문화 지식인 문화적 문식성을 함양하며, 이는 멀티리터러시라고 일컫는 복합적 의미 이해와 사고의 능력으로 귀결되었다.

글 마무리

2020년 전 세계를 휩쓴 코로나19 팬데믹으로 오프라인 접촉보다 온라인 접속의 기회가 많아지면서 교육현장과 기업의 문화에도 큰 변화가 있었다. 온라인수업과 재택근무가 일상이 되고 학업과 업무에 관한 모든 절차는 화면 속에서 이루어지고 있다. 종이책 판매량의 감소와 e-book 판매량의 증가, 그리고 새롭게 등장한 듣는 독서인 '오디오북' 시장의 가파른 성장은 이제 '독서'에도 매체가 필요한 시대가 되었음을 말하고 있다. 애플리케이션 분석업체 'W'사에서 발표한 '2021년 한국 안드로이드 스마트폰 사용자의 세대별 사용 현황'을 살펴보면 전 세대에 걸쳐 가장 사용자가 많은 애플리케이션은 단연 유튜브였으며[1] 또 다른 디지털 마케팅 기업인 'M'사의 조사[2]에서도 10대 PC 이용자의 60%와 모바일 이용자의 63%는 동영상 시청을 목적으로 인터넷을 이용한다고 응답했다. 이러한 현상은 무엇을 말하고 있는 것일까. MZ 세대[3]에 해당하는 요즘

---

[1] 해당 조사는 2021년 4월 애플리케이션 분석업체인 '와이즈앱'이 한국인 만 10세 이상의 안드로이드 스마트폰 사용자를 대상으로 실시하였으며 인터넷 브라우저는 조사에서 제외한 결과이다.

[2] 디지털마케팅기업 메조미디어가 2018년 발표한 '2018 타깃리포트' 참조.

젊은 층에게 '리터러시'는 과연 무엇을 의미할까? 지식과 문화에 대한 정보를 얻기 위해 종이책을 뒤적이던 모습은 이제 과거 속 이야기가 되었다. 귀로 듣는 책, 눈으로 보는 문화, 입에 붙는 실생활 언어의 이해, 보고 들으며 습득하는 정보, 이 모두를 우리는 멀티리터러시라고 말하고, 이제 그다음을 준비하라고 말하고 있는 것이다.

지난 수백 년 동안 인류에게 어떤 개념, 원리를 설명하기 위한 기본 수단은 강의와 인쇄된 레슨(printed lesson)과 같은 언어적 메시지가 전부였다. 텍스트를 활용한 언어적 학습 방법이 인간에게 있어 배움의 강력한 수단이 되어 온 것은 사실이지만, 급격한 사회적 진보와 IT 기술의 발달로 인해 공동체에서 요구하는 학습된 인간상은 빠르게 변화하고 있으며 의사소통의 방식도 전통적 방식의 그것과는 전혀 다른 양상을 보이게 되었다. 이러한 변화는 자연스럽게 언어교육에서의 접근 방식에도 영향을 주게 되었고, 전통적

---

3) 1980년대 초-2000년대 초에 출생한 세대를 일컫는 표현.

리터러시는 이제 멀티리터러시라는, 다양한 양식을 통한 복합적 리터러시, 매체를 통하여 지식을 구조화하는 능력을 요구하는 리터러시로의 변화를 요구하게 되었다.

이 연구는 기존의 주류적 언어 학습 방식에서 탈피하여 새로운 매체 환경이라는 조건에 부합하는 멀티리터러시의 개념을 도입하여 학습 프로그램을 제안한 연구이다. 이를 위하여 본 연구에서는 외국인 학습자들에게 국내외에 잘 알려진 TV 드라마의 장면과 서사를 활용하여 보기-시청-듣기-시청의 영상 수업 모형을 적용하였고 다양한 각도로 프로그램의 효과를 검증하고자 했다.

프로그램의 효과 검증을 위한 양적·질적 자료의 수집과 분석 결과 한국어 멀티리터러시 교육 프로그램은 외국인 학습자의 실질적 한국어 능력 향상에 효과가 있음($t=2.05$, $p<.05$)을 알 수 있었다. 또한 인터뷰 자료 분석의 결과 학습자들의 경험은 매체언어 이해와 문화적 문식성, 그리고 복합적 의미 이해와 사고의 경험으로 나타났으며 이는 '다양한 문화와 사회적 담론을 통한 복합적 의미의 생

성과 협상 능력을 중심으로 한 소통 능력'(The New London Group, 1996), 곧 멀티리터러시 능력의 향상 측면에서 해석될 수 있다.

언어에는 공동체의 의식과 무의식, 과거와 현재, 그 언어를 사용하는 사람들의 삶에 대한 내러티브가 담겨 있다. 그렇기 때문에 언어는 암기하는 것이 아니라 익히는 것이며, 적용하는 것이 아니라 실천하는 것이다. 한 사회가 사용하는 언어 속에는 그 공동체 양식의 모든 것이 담겨 있기 때문이다. 이러한 관점에서 본다면 언어는 생활이며 삶 그 자체라 할 수 있다. 의사소통은 상황을 이해하고 합의해 나가는 맥락적 과정이다. 언어 교육이 궁극적으로 지향하는 실천성을 담보하기 위해서는 결국 실제에 가까운 교육이 필요한 것이다. 한국인의 일상적 삶을 자연스럽게 재현하는 실용적인 한국어 교육을 위하여 드라마 등의 매체를 활용하는 방안에 대한 논의가 필요한 이유이다.

이 책에는 한국어와 문화 교육을 하는 새로운 시도로서 한류 드라마를 활용한 '멀티리터러시 교육 프로그램'을 개발하고 그 효과를 검증하기 위한 필자의 개인적인 연구과정을 담았다. 아쉬운 점은 최대한 객관성을 확보하기 위해 외국인 학습자의 한국어 모의 능력 평가 결과와 학습자의 정의적 요인 가운데 학습 흥미도와 자신감, 학습 참여도 등 제한된 쟁점에 집중할 수밖에 없었다는 점이다. 한국어 능력 향상에 대한 효과도 듣기와 읽기 영역에 대한 검증으로 한정하였다. 이는 말하기와 쓰기 영역에 있어서 정확한 기준의 객관적 평가를 담보할 수 없었기 때문이다. 질적 연구 또한 학습자들의 16주 프로그램 참여 경험에 제한되어 있었음을 이 연구의 한계로 남기며 추후 보다 포괄적인 경험에 대하여 탐구할 필요가 있다는 점을 밝힌다. 바라는 것은 향후 한류 드라마 등의 미디어 매체를 활용한 한국어 교재에 대한 연구와 지원에 대한 부분이다. 상업적 이용이 아닌 교육만을 목적으로 활용하는 경우에 있어서 저작권 등의 문제가 K-Culture를 활용하는 데 걸림돌이 되지 않는 방안이 적극적으로 마련되기를 바란다. 세계 각국에 있는 잠재적 한국어 학습자들을 위한 드라마 한국어 콘텐츠가 기초에서부터 고급 단계까지 오프라인과 온라인으로 개발되어 누구나 쉽게 이용할 수 있었으면 좋겠다. 이와 같은 프로그램은 온라인으로 활용할 수 있도록 하여 언제 어디에서든 필요한 사람은 누구나 그 학습의 효과를 경험할 수 있도록 하여 한국어 세계화의 기틀을 마련해야 할 것이다. 책으로만 배우는 한국어 학습의 전형적인 틀에서 벗어나서 실제 사용하는 언어를 배우고, 다양한 사고의 경험을 통하여 한국 사회 문화를 복합적으로 이해하며 비판적으로 수용하고 표현할 수 있는 멀티리터러시 교육을 위한 보다 체계적이고 장기간에 걸친 후속 연구가 이루어져야 할 것이다. 이러한 방식의 수업은 학문 목적의 학부 유학생들뿐만 아니라 결혼 이민자들과 중도입국 자녀들, 어학당 등에서 공부하는 한국어 학습자들에게도 수준별로 활용될 수 있도록 고안되어야 할 것이다. 이와 관련하여 학습자의 멀티리터러시 능력을 객관적으로 측정할 수 있는 요인을 추출하고 이에 근거한 타당한 도구의 개발 및 보급이 필요하다. 이러한 시스템 개발상의 문제와 콘텐츠의 양과 질의 부족에 대한 문제를 고민해야 하며 이러한 노력을 통해 다양한 학습 방안에 대한 연구가 이어져야 할 것이다. 필자는 이 연구의 결과를 내놓으며 이러한 작은 연구들이 다음 세대를 위한 마중물이 되어, 한국어 교육에도 새롭고 획기적인 방법론들이 쏟아지기를 기대한다.

세계에서 가장 과학적인 우리의 한글과, 문화의 거대한 파도인 한류, 그리고 IT 강국의 'K-power'가 어우러져 폭발적 시너지를 이루고 우리의 위대한 문화유산인 글과 말이 전 세계인들에게 사랑받으며 널리 쓰이게 되기를. 그리고 마지막으로 지금 이 순간에도 한국어를 가르치고 있는 국내외 수많은 한국어 선생님들의 노력과 진심이 제도의 보호 속에서 오롯이 인정받는 날이 오기를 간절히 바란다.

강남욱(2014), "온-오프 블렌디드 러닝을 활용한 <한국어 교육학 개론> 강좌의 구성과 운영에 대한 사례 연구", 우리말교육 현장연구.

강남희(2007), "혼합형 학습 환경에서 모바일 기기를 활용한 영어 교수-학습 모형 연구", 중앙대학교 대학원 박사학위 논문.

강란숙(2016), "한국 문화교육의 자료로서 아리랑 TV 영상 자료 활용에 대한 외국인 학습자들의 반응 조사 연구-해외 한국학 교육 현장(벨기에)의 수업 사례 제시", 국제한국언어문화학회, Vol.13 No.3.

강보유(2007), "세계 속의 한류-중국에서의 한류와 한국어 교육 그리고 한국 문화 전파", 국제한국언어문화학회.

강소엽(2010), "드라마와 시트콤을 활용한 문화 수업 모형 개발 및 효과 분석", 서울시립대학교 교육대학원 석사학위 논문.

강승혜(2003), "한국문화 프로그램 개발을 위한 한국어 학습자 요구분석: 일본 학습자 집단과 중국 학습자 집단의 비교", 한국어 교육, Vol.14 No.3, 80-91.

강유정(2007), "포스트한류 시대와 탈한류", 계간 시작.

강장묵 외(2015), "인터넷 팬덤문화의 사회적 현상과 과제-한류 팬덤 연결의 가치부여 방식과 확장성을 중심으로", 한국 인터넷 통신학회.

강진숙(2007), "미디어 능력에서 '디지털 능력'으로: 디지털 시대의 미디어 능력 촉진을 위한 미디어 교육 방법 연구", 한국 출판학 연구.

강현화(2006-a), "외국인 학습자의 문화 요구 조사", 외국어로서의 한국어 교육 제31권, 한국어학당 언어연구교육원.

강현화(2006-b), "한국어 문법 교수학습 방법의 새로운 방향", 국어교육연구, 제18권, 31-60.

강효승(2014), "모바일 기반의 한국어 회화 콘텐츠 및 프로그램 설계 방안", 이화여자대학교 교육대학원 석사학위 논문.

공성수·김경수(2017), "멀티리터러시(Multiliteracy) 향상을 위한 글쓰기 교육의 목표와 수업 모형-비평하기와 종합하기 요소를 중심으로" 대학작문 Korean College Composition and Communication Vol. 22, 11-49.

구인환(2006), "한글의 우수성", 신원문화사.

권성호·서윤경(2005), "교육공학적 관점에 따른 미디어 교육의 이론과 실제", 한울아카데미

권성호·유명숙(2006), "멀티리터러시 학습을 위한 성찰지원도구의 개발", 교육공학연구 22권, 1호, 한국교육공학회 139-159.

권성호·김성미(2011), "소셜 미디어 시대의 디지털 리터러시 재개념화: Jenkins의 '컨버전스'와 '참여문화'를 중심으로", 미디어와 교육 1권, 1호, 한국교육방송공사, 65-82.

권충훈(2005), "멀티미디어 교수 학습 콘텐츠의 인지 심리학적 효과", 한국콘텐츠학회논문지, 제5권, 제5호.

김경지(2001), "중급 학습자를 위한 한국어 교육 연구: 영화와 노래를 중심으로 한 수업활동", 경희대학교 교육대학원 석사학위 논문.

김규미(2014), "언어 교육을 위한 멀티미디어 제작과 활용", 북코리아.

김나연(2017), "신화 콘텐츠를 활용한 한국어 교육 방안 연구-단군신화를 중심으로", 상명대학교 대학원 석사학위 논문.

김덕중·남상현 외(2017), "2017 글로벌 한류 트렌드", 한국 문화산업교류재단.

김명산(2015), "모바일 교육 서비스 사용자 경험 향상을 위한 자기조절 학습 지원 모형", 한양대학교 박사학위 논문.

김무영·손민호(2012), "교사의 실천적 지식이 갖는 일상성 탐구", 교육과정연구, 30(3), 21-49.

김미숙(2009), "영화를 활용한 한국어 듣기 수업 연구", 이화여자대학교 교육대학원 석사학위 논문.

김민성(2001), "과정중심적 웹기반 한국어 쓰기교육: 'hanclass'의 운영사례를 중심으로", 한국어 교육, Vol.12 No.1.

김성숙(2017), "포스트 휴먼 시대의 한국어교육을 위한 블렌디드 러닝 교수법", 연세대학교 제13회 한국어 교육 학술대회.

김성헌·김인철(2005), "영어교육에 있어서 비디오 매체의 활용", 영어교육, 53(4), 195-222, 연세대학교 제13회 한국어 교육 학술대회.

김세란(2014), "취업목적 한국어 교재 개발을 위한 교육 내용 연구", 한국외국어대학교 석사학위 논문.

김세용(2013), "대중매체를 이용한 한국어 교육이 학습자의 어휘 습득에 미치는 영향", 한국외국어대학교 석사학위 논문.

김소영(2014), "SIOP모델을 활용한 다문화 배경 학생 대상 학습 한국어 교육 프로그램 연구", 서울교육대학교 교육대학원 박사학위 논문.

김양은(2008), "게임 미디어교육의 내용구성에 관한 시안적 연구", 한국언론 학보, 52권 1호, 58-84.

김양은(2009), "디지털 시대의 미디어 리터러시", 커뮤니케이션북스.

김영수(1994), "교육방법 및 교육공학", 형설출판사.

김영천(2006), "질적 연구 방법론", 문음사.

김영희(2013), "미국드라마를 활용한 블렌디드 러닝이 대학생의 영어 듣기 능력과 정의적 요인에 미치는 영향", 공주대학교 박사학위 논문.

김용석(2006), "영화 텍스트와 철학적 글쓰기-글쓰기의 실례를 통한 접근", 철학논총, 42, 새한철학회, 433-478.

김용재(1997), "대중매체 문화의 국어교육적 함의", 한국초등국어교육 13, 한 국초등국어교육학회, 87-108.

김유정(1999), "설문결과를 통해 본 한국어 학습자들의 인식 조사", 한국어 교육, 제10권, 1호, 국제 한국어 교육학회.

김은희·이미향(2013), "한(韓)-콘텐츠를 활용한 한국어 문화 간 교육 연구", 한국언어문화학, Vol.10 No.2.

김인경(2014), "영상매체 활용을 통한 설명하는 글쓰기 연구", 사고와 표현, 7(1), 사고와 표현학회, 189-206.

김재영(2004), "의사소통 향상을 위한 한국어 교육 방안: 매체를 활용한 문화 통합 교육", 동국대학교 대학원 석사학위 논문.

김재욱(2008), "대학에서의 한국어교육 관련 학과 교육과정 개발 연구", 한국 연구재단(Korean Research Memory) 연구 성과물.

김재욱(2011), "귀화 외국인 학습자를 위한 한국어 교육: 법무부 사회통합 프 로그램 분석을 중심으로", 언어와 문화, Vol.7 No.2, 125-145.

김재욱(2014), "마케도니아인을 위한 한국어 멀티미디어 부교재 활용 교수 법", 외국어교육연구, Vol.28 No.2, 1-23.

김현숙·이제영(2017), "드라마(Drama) 활용 초등영어교육의 효과: 메타분 석", 학습자중심교과교육연구, Vol.17 No.23.

김현아(2011), "멀티미디어 매체를 활용한 한국어 교육방안 연구-결혼 이주 여성을 중심으로", 한국외국어대학교 국제지역 대학원 석사학위 논 문.

김현정(2016), "한류 영상 매체의 이해를 위한 한국어 어휘 목록 선정 연구", 한국외국어대학교 대학원 석사학위 논문.

김환표(2014), "트렌드 지식 사전2", 인물과 사상사.

김효숙(2012), "페이스북을 활용한 소셜 미디어 리터러시의 개발 가능성에 관한 연구", 학습과학연구, 6권 2호, 20-38.

김희범(2017), "한류 스타와 한국의 국가 이미지가 중국인의 한류 콘텐츠 이용에 미치는 영향", 한양대학교 대학원 박사학위 논문.

김희정(2009), "이민자 사회통합과 언어교육제도 연구-네덜란드의 사회통합시험제와 한국의 사회통합교육프로그램 이수제를 중심으로", 연세대학교 대학원 석사학위 논문.

나일주(2015), "글로벌 학습시대 묵스의 이해", 학지사.

나정윤(2011), "여성 결혼이민자 대상 범용교재의 수요자 만족도 조사와 개발방안", 상명대학교 대학원 석사학위 논문.

나찬연(2005), "멀티미디어를 활용한 교수학습", 한국어교육론1, 한국문화사.

남기심(1983), "새말(新語)의 생성과 사멸", 일지사.

노대규(1996), "한국어의 입말과 글말", 국학자료원.

노윤아(2008), "스키마 이론과 읽기능력의 상관관계 연구", 국민대학교 대학원 박사학위 논문.

Nishiyama(2014), "영화 자막이 한국어 학습자의 우연적 어휘 습득에 미치는 영향", 이화여자대학교 국제대학원 석사학위 논문.

류문문(2013), "웹기반 한국어 발음 교육 연구", 경희대학교 대학원 석사학위 논문.

민춘기(2018), "미디어 리터러시 수업의 외국 사례 및 국내 활용 가능성", Vol.71 No.71, 9-30.

박건숙(2003), "국내 웹 기반의 한국어 교육 사이트에 대한 비교·분석 연구: 국제교육진흥원, 문화관광부, 서강대학교, 재외동포재단 사이트를 대상으로", 한국어 교육, Vol.14 No.3.

박정하(2014), "왜 영화로 글쓰기 교육을 해야 하는가?", 한국사고와 표현학회 학술대회 논문집, 한국 사고와 표현학회, 9-12.

박선희(2006), "영화를 활용한 한국어 고급반 프로젝트 수업", 이중 언어학, 30.

박수연(2017), "교환학생을 위한 한국어교육 교재개발에 관한 연구 - 초급반 요구 분석을 중심으로", 서울시립대학교.

박유진(2012), "한국어교육에서 모바일 앱과 소셜 미디어의 역할 및 활용 사례 분석", 이화여자대학교 교육대학원 석사학위 논문.

박장순(2012), "한류의 생성 과정과 요인에 관한 연구: 한국과 일본 드라마의 교류를 중심으로", 서강대학교 박사학위 논문.

박정하(2005), "영화 *I am Sam*을 이용한 문화적 맥락 중심의 효과적인 영어 수업 방안 연구", 영상영어교육, 6(1), 45-69.

박주연·최숙·반옥숙·신선경(2017), "미디어 리터러시 교육에 관한 다차원 적 정책분석", 커뮤니케이션학 연구, Vol.25 No.5, 5-32.

박주현(2005), "공부반란", 동아일보사.

논문: 웹 기반 한국어 과정 개발 연구 = A Study on the Developing of Web-based Korean Language Program.

방성원(2005), "웹 기반 한국어 과정 개발 연구", 한국어 교육, Vol.16 No.3.

백영균(2015), "스마트 시대의 교육방법 및 교육공학", 학지사.

백재파(2018), "영상매체를 활용한 한국어 교육의 효과: 웹드라마를 중심으로", 한국어문화교육학회, Vol.11 No.2, 61-83.

변지선(2015), "대중매체에 나타난 무속의 문화콘텐츠 활용양상 연구-TV드라마 <해를 품은 달>을 대상으로", 한국문화융합학회, Vol.37 No.2.

서경혜(2013), "한국문화교육을 위한 한국인의 가치체계 연구: 드라마를 중심으로", 한국외국어대학교 대학원 박사학위 논문.

서보영(2014), "고전소설 변용을 통한 문화적 문식성 교육 연구-학습자의 <춘향전>변용 양상을 중심으로", 국어교육연구, 제33권, 75-101.

서상영(2011), "한국어교원의 현직교육 프로그램 개발 연구: 국내 대학 한국어교원을 중심으로", 고려대학교 교육대학원 석사학위 논문.

서혁(2011), "읽기 연구의 최근 동향과 과제", 고려대학교 한국어문교육연구소 학술발표논문집, 137-138.

석가영(2018), "유튜브 동영상을 활용한 발음 학습의 효과", 인천대학교 교육대학원 석사학위 논문.

설규주 외(2012), "사회통합프로그램(KIIP)을 위한 한국사회이해 콘텐츠(교재) 개발 연구", 법무부 출입국·외국인정책본부.

성지희(2007), "온라인 커뮤니티를 활용한 스크린 영어수업에 대한 학습자반응 연구", 영상영어교육, 8(1), 29-49.

손병우·양은경(2002), "한국 대중문화의 현주소와 글로벌화 방안-한류현상을 중심으로" 태평양 장학 문화재단 학술연구지원, 669-685.

손미란(2019), "다중매체 언어 읽기와 '멀티리터러시-글쓰기' 교육 - 매개체로서의 스마트폰 활용 가능성 모색을 중심으로", 영남대학교 인문과학연구소, 人文硏究 Vol.- No.87

손민호(2006), "실천적 지식의 일상적 속성에 비추어 본 역량(competence)의 의미: 지식기반 사회? 사회기반 지식!", 교육과정 연구, 24(4), 1-25.

손정(2012), "중국인을 위한 한국 문화 교육 방안 연구", 한국외국어대학교 대학원 석사학위 논문.

송재란(2018), "한국어교육에서 언어·문화 통합 교육 모형 연구", 동신대학교 대학원 박사학위 논문.

신문영(2007), "공익광고를 활용한 한국어 교실수업 모형 연구", 경희대학교 교육대학원 석사학위 논문.

신영지(2016), "학문 목적 한국어 쓰기 교육의 학습전략 연구-메타인지 전략의 적용 모색", 泮橋語文硏究, Vol.43, 88-109.

안미리(2011), "웹을 활용한 명시적 듣기 전략 훈련이 대학생의 전략사용, 영어듣기 성취도와 태도에 미치는 효과", 중앙대학교 대학원 박사학위 논문.

안수옥(2006), "비디오 활용 수업이 영어 듣기 이해도, 흥미도, 전략 사용에 미치는 영향", 한국외국어대학교 교육대학원 석사학위 논문.

안정임(2002), "디지털 커뮤니케이션과 미디어 리터러시: 의미와 연구방향의 모색", 교육정보미디어 연구, Vol.8 No.3, 5-23.

안희진(2011), "미국 드라마를 활용한 학습이 대학생의 영어 듣기 및 어휘 능력에 미치는 영향", 중앙대학교 대학원 박사학위 논문.

양지미진(2019), "The Effects of Videos with Written Input on Korean EFL Learners' Comprehension and Incidental Vocabulary Learning: Learners' Use of Subtitles while Watching Videos and Transcripts after Watching Videos", 고려대학교 대학원 박사학위 논문.

오문경(2013), "한류 콘텐츠를 활용한 한국어 국외 보급 정책 연구-한류 기반 잠재적 학습자를 대상으로", 한국외국어대학교 대학원 박사학위 논문.

오은영(2017), "외국어 말하기 학습을 위한 음성인식 테크놀로지 기반 상호작용형 애플리케이션 개발연구", 서울대학교 대학원 박사학위 논문.

오의경(2013), "소셜 미디어 시대의 정보리터러시에 관한 소고: 재정의, 교육 내용, 교육방법을 중심으로", 한국문헌정보학회지, 47권 3호, 385-406.

옥현진(2013), "디지털 텍스트 읽기 능력과 디지털 텍스트 읽기 평가에 대한 고찰", 새국어교육, 94호, 한국국어교육학회, 84-108.

옥현진(2013), "문식성 재개념화와 새로운 문식성 교수·학습을 위한 방향 탐색", 청람어문교육, 47, 청람어문교육학회, 61-86.

옥현진·서수현(2011), "초등학교 1학년 학생들의 그림일기 표현 활동에 나타난 복합양식 문식성 양상 분석", 한국초등국어교육, 제46호, 한국초등국어교육학회, 219-243.

왕효성(2010), "대본 미리 읽기가 듣기에 미치는 효과: 중국인 대학생의 한국 시트콤 시청을 중심으로", 고려대학교 대학원 석사학위 논문.

우형식 외(2012), "현장 중심의 한국어 교수법", 한글파크.

원용진 외(2004), "미디어 교육의 새로운 패러다임", 한국언론재단.

유경수(2011), "영상 미디어를 활용한 한국어 교육-영화 <아내가 결혼했다>를 중심으로", 한국어문학회, 제75권.

유승원(2012), "한국어 교육용 멀티미디어 자료 개발에 있어서의 시각 콘텐츠 연구", 상명대학교 대학원 박사학위 논문.

유영아(2004), "영화를 이용한 영어 담화능력 증진방안", 국민대학교 대학원 박사학위 논문.

유은실(2003), "영화 비디오를 이용한 영어 학습 효과", 경희대학교 교육대학원 석사학위 논문.

유란(2013), "<성균관스캔들>을 활용한 한국 문화 교육 내용 연구", 건국대학교 대학원 석사학위 논문.

유주양(2004), "전략적 영어 듣기 지도가 초등학생의 듣기 능력에 미치는 영향", 중앙대학교 교육대학원 석사학위 논문.

YU CHAOQUN(2012), "문화 콘텐츠를 활용한 한국문화교육 연구", 고려대학교 대학원 석사학위 논문.

윤선희(2005), "시트콤을 활용한 효과적인 영어 교수방안", 경남대학교 교육대학원 석사학위 논문.

윤소화(2015), "한국어 독학용 애플리케이션의 구성 방안 연구", 숙명여자대학교 대학원 석사학위 논문.

윤여탁 외(2008), "매체언어와 국어교육", 서울대학교 출판문화원.

윤영(2011), "한국어 교육에서 영화를 활용한 소설 교육 연구", 연세대학교 대학원 박사학위 논문.

윤택림(2004), "문화와 역사 연구를 위한 질적 연구 방법론", 아르케.

이경화(2000), "매체언어의 국어 교재화 방안", 한국초등국어교육, 17, 한국초등국어교육학회, 39-56.

이관식(2009), "광주 지역 학문 목적 중국인 유학생의 한국어 학습에 대한 요구 분석", 人文社會科學研究, Vol.24, 102-127.

이기정·이자원(2009), "미국드라마를 활용한 수업 모형에 대한 연구", 영상영어교육, 10(1), 171-191.

이남인(1976), "현상학과 질적 연구", 한길사.

이미향·엄나영·곽미라 외(2013), "한국어 교육과 매체언어", 역락.

이병환(2005), "중국 대학생의 "한류" 인식 실태와 그 의미", 중등교육연구, Vol.53 No.3.

이복자(2017), "한국어 초급 멀티미디어 자료 활용 방법", 연세대학교 제13회 한국어 교육 학술대회.

이상훈·박정선 외(2015), "한류 그 이후-한류의 저력과 향후 과제", 한국학 중앙 연구원 출판부.

이수미(2016), "중국인 한국어 학습자의 한국어 학습 과정에 대한 근거이론 적 접근", 우리말 교육 현장 연구, Vol.10 No.2, 26-46.

이수잔소명(2016), "자막 영상을 활용한 한국어 어휘 교육방안 연구", 서울대 학교 대학원 석사학위 논문.

이은형(2013), "Mayer의 멀티미디어 설계원리에 기반을 둔 초등교육용 모바 일 어플리케이션 분석", 한국컴퓨터교육학회 학술발표논문집.

이윤자(2016), "학문목적 한국어 읽기 교육의 읽기 전략 수업연구", 숙명여자 대학교 대학원 박사학위 논문.

이정희(1999), "영화를 통한 한국어 수업 방안 연구", 한국어 교육, 10권, 1호, 국제 한국어교육학회, 221-240.

이주연·박성옥(2012), "음악을 적용한 한국어 학습 프로그램이 결혼이주민 의 듣기-말하기와 스트레스 반응에 미치는 효과", 自然科學, Vol.23, 31-49.

이지양·박소연·구민지(2017), "한국어교육 기관 한국어 학습 멘토링 프로 그램 사례 연구", 한국언어문화학, Vol.14 No.1, 15-32.

이지영(2005), "한국 언어문화 현상: 제안 담화", 국제한국언어문화학회 학술 대회, Vol.2005 No.1.

이진용(2017), "대학 한국어 멀티미디어 자료 활용 방법", 연세대학교 제13회 한국어 교육 학술대회.

이채연(2015), "매체언어 교수학습연구의 전략과 실제", 경진출판사.

이충현(2017), "디지털 기술 활용 언어 교육의 과제와 전망", 연세대학교 제 13회 한국어 교육 학술대회.

이택행(1997), "위성방송과 인터넷을 통한 국제 한국어 원격교육 시스템의 설계", 경희대학교 산업정보대학원 석사학위 논문.

이해영(2000), "프로젝트 활동을 활용한 한국 문화 학습", Foreign Languages Education, 제7권, 2호, 한국외국어교육학회.

이화숙·이용승(2013), "다문화 시대의 사회통합과 한국어 교육정책-이주민 참여율 분석을 중심으로", 대구가톨릭대학교.

이현주・조태린(2012), "한국어 교육 멀티미디어 자료의 유형과 구축 방식 누리세종학당의 '디지털 자료관' 구축을 위하여", 국제한국어교육학회.

이혜수(2018), "한국 팬덤의 내부동학과 출현적 속성에 관한 연구", 고려대학교 박사학위 논문.

이혜정(2016), "Keller의 ARCS 이론을 적용한 학습자 참여기반의 영상활용수업 효과 연구", 고려대학교 교육대학원 석사학위 논문.

임응(2012), "중국인 유학생을 위한 한국의 대학문화 교육방안 연구: TV 예능 프로그램<미녀들의 수다>를 활용하여", 부산외국어대학교 대학원 석사학위 논문.

이희복(2005), "광고의 수사적 비유에 따른 커뮤니케이션 효과: 공명의 영향을 중심으로", 경희대학교 대학원 박사학위 논문.

이희복・차유철・정승혜(2013), "광고 콘텐츠를 활용한 교육 연구: 영국의 미디어 스마트 사례를 중심으로", 광고PR실학연구, Vol.6 No.4.

임정훈(2008), "모바일 학습을 위한 교수학습 모형의 설계 방향 탐색", 한국교육논단.

임희선(2005), "인터넷 TV드라마를 활용한 중학생 영어 듣기 지도 방안", 한국외국어대학교 교육대학원 석사학위 논문.

전오경(2004), "한류현상과 그 지속 가능성에 관한 연구: 중국에 진출한 대중음악을 중심으로", 연세대학교 대학원 석사학위 논문.

정명숙(2010), "다문화 시대의 한국어 교육", 한국어 문화 교육학회, 제4권, 2호, 131-152.

정명숙・이유경・김지혜(2009), "여성결혼이민자를 위한 한국어 웹교재 개발 방안", 이중언어학, Vol.39.

정윤경(2001), "국내 방송 프로그램의 해외 시장 진입에 관한 연구-아시아 프로그램 유통에 관한 대안적 모델을 위하여", 한국 언론학회 2001년 봄철 정기 학술대회 발표문.

정해숙(2012), "결혼 이민자 한국어교육 효율화 방안", 여성가족부.

정현선(2004), "인터넷 유머 이해의 문화교육적 고찰: 다중문식성과 하이퍼텍스트적 소통 원리를 중심으로", 한국어의미학, 14집, 297-325.

정현선(2004), "디지털 리터러시의 국어교육적 고찰", 국어교육학연구, 21, 국어교육학회, 5-42.

정현선(2005), "언어・텍스트・매체・문화 범주와 복합문식성 개념을 통한 미디어교육의 국어교육적 수용에 관한 연구", 한국초등국어교육, 28

호, 307-337.

정현선·김아미·박유신·전경란·이지선·노자연(2016), "핵심역량 중심의 미디어 리터러시 교육 내용 체계화 연구", 학습자 중심 교과교육학회, Vol.16 No.11.

정혜승(2008), "문식성의 변화와 기호학적 관점의 국어과 교육과정 모델", 교육과정연구, 26권, 4호, 149-172.

정혜진(2001), "한국인 영어 학습자의 듣기 학습전략 사용과 듣기 능력 향상에 관한 연구", 한양대학교 대학원 박사학위 논문.

조영미(2012), "영화를 활용한 한국어 문화교육 방안", 한국어문화교육학회, 한국어문화교육, 제6권, 2호, 195-222.

조용환(1999), "질적 연구: 방법과 사례", 교육과학사.

조항록(2010), "한국어 교육 현장의 주요 쟁점", 한국문화사.

주소희(2010), "TV드라마를 활용한 한국어 수업 모형 연구", 전남대학교 대학원 석사학위 논문.

주영하·이토 아비토 외(2007), "일본 한류, 한국과 일본에서 보다", 한국학 중앙 연구원.

지현숙·최원상(1999), "21세기 한국어 교육의 발전 방향과 과제; 다매체 시대의 한국어 교육; 웹 기반 한국어교육 교재개발의 쟁점들", 국제한 국어교육학회 창립 15주년 기념 (2000. 8. 12-13) 새천년맞이 제10차 국제학술회의.

채호석(2006), "매체 언어 교육과 국어 교육", 한국어문학연구, 제23권, 한국 외국어대학교, 165-178.

천성옥 외(2013), "거침없이 한국어1,2,3", 도서출판 하우.

최고은(2013), "미국 TV드라마 Modern Family 기반 언어 연구", 한양대학교 교육대학원 석사학위 논문.

최수민(2008), "준말의 사회 언어학적 고찰", 단국대학교 교육대학원 석사학위 논문.

최영환(1998), "매체의 변화와 언어기능 교육의 역동화", 한국 국어교육연구회 학술발표대회.

최은정(2005), "영상매체를 활용한 멀티미디어 과학 교수·학습자료의 개발 및 적용", 이화여자대학교 대학원 박사학위 논문.

최인자(2002), "다중문식성과 언어문화교육", 국어교육, 109호, 195-216.

최정순(1998), "웹기반의 한국어 교육 프로그램 개발의 실제: 서강대학교 가상대학 한국어 프로그램을 중심으로", 국제한국어교육학회.

최정순·송임섭(2012), "영화를 활용한 한국 문화 교육 방안-<공동경비구역 JSA>를 중심으로", 국제어문학회, 55권, 639-668.

최지현(2007), "매체언어교육을 위한 교수·학습 방법 탐구", 국어교육학회, 143-182, Vol.0 No.28.

최지혜(2009), "영화를 활용한 한국어 듣기 교육방법 연구", 부산대학교 석사 학위 논문.

최형용(2013), "한국어 형태론의 유형론", 박이정.

최희진(2012), "문화콘텐츠를 활용한 한국어 교육 정책 개발 연구", 연세대학 교 교육대학원 석사학위 논문.

탁선호(2008), "아메리칸 갱스터: 신화적 이데올로기 안에 갇힌 흑인 갱스터 의 한계", 인물과 사상, 160-168.

토픽어학연구소(2015), "합격의 신-뉴 토픽Ⅱ", 동양북스.

한선(2007), "영상 매체를 활용한 한국 문화 교육 - 'TV 드라마와 영화'를 중 심으로", 언어와 문화, 3(3), 195-216.

한선(2011), "문화 산 의사소통 중심의 한국 문화 교수요목 설계 방안 연구", 한국외국어대학교 대학원 박사학위 논문.

한정선(2000), "미디어 교육의 새로운 해석과 접근-멀티리터러시", 교육공학 연구, 제16권, 제2호, 165-191.

한정선(2000), "21세기 교사를 위한 멀티리터러시 교육", Vol.31 No.3, 87-109.

허진(2002), "중국의 한류 현상과 한국 드라마 수용에 관한 연구", 한국방송 학보 심포지움 "글로벌시대 방송프로그램의 유통과 국가 이미지 정 체성", 한국방송학회.

황영미·이재현(2016), "스마트 교육 환경에서의 대학 글쓰기 교육 모델 연 구: 영화평 협동 글쓰기를 중심으로", 교양교육연구, 10(2), 한국교양 교육학회, 11-42.

홍은실(2014), "국어 학습자를 위한 학문 목적 발표 교육 연구", 서울대학교 대학원 박사학위 논문.

Albers, P., & Harste, J. C.(2007), The arts, new literacies, and multimodality, English Education, 40, 6-20.

Allan, M.(1991), Teaching with video. Essex: Longman.

Allen, E., Bernhardt, E., Berry, M., & Demel, M.(1988), Comprehension and text genre: An analysis of secondary school foreign language readers.

Modern Language Journal, Vol.72, 163-172.

Altman, R.(1989), The video connection: Integration video into language teaching. Boston, MA: Houghton Mifflin.

Anderson, A. & Lynch, T.(1991), Listening. Oxford: Oxford University Press.

Bacon, S. M., & Finnemann, M. D.(1990), A syudy of attitudes, motives, and strategies of university foreign language and their disposition to authentic oral written input. The Modern Language Journal, 74(4), 459-473.

Banks, J. A.(2003), Teaching for multicultural literacy, global citizenship and social justice.
www.lib.umd.edu/binaries/content/assets/public/scpa/2003-banks.pdf

Barnard, J.(1992), Multimedia and the future of distance learning technology. EMI.29(3):139-144.

Bastide, F.(1990). The iconography of scientific text: principles of analysis. In M. Lynch & S. Woolgar (Eds), Representation in scientific practice (pp.187-229). Cambridge, MA: MIT Press.

Bomhard, Allan R.(2011), THE NOSTRATIC HYPOTHESIS IN 2011, Inst for the Study of Man.

Bowen, B. M.(1982), Look Here! Visual Aids in Language Teaching, London: Macmillan

Buckingham, David.(2004), 미디어 교육: 학습, 리터러시, 그리고 현대문화, JNBook.

Byram, M.(1997), Teaching and assessing intercultural communicative competence. UK: Multilingual Matters.

Carmichael, L., Hogan, H. P., & Walter, A. A.(1932), An experimental study of the effect of language on the repreduction of visually perceived form. Journal of Experimental Psychology.

Chesterfield, R. & Chesterfield, K.(1985), Natural order in children's use of second language learning strategies. Applied Linguistics, 6 (1), 45-59.

Cope, B., & Kalantis, M.(Eds.)(2000), Multiliteracies: Literacy learning and the design of social futures. Routlege: London.

Collaizzi, P. F.(1978), Psychological Research as the Phenomenological Views It. In Valle, R.S. & King, M.(Eds.). Existential-Phenomenological alternatives for psychology (pp.48-71). NY: Oxford Univ. Press.

Dauer, R. M., & Browne, S. C.(1992). Teaching the Pronunciation of Connected Speech. TESOL, Vancouver, BC.

Edward Sapir(1921), 「Language-An Introduction to the Study of Speech」.

Farrell, T.(1987), Listening comprehension and television. Duksung Woman's University Journal, 16, 65-75.

Giroux, H.(2002), Breaking into the movies: Film and the culture of politics. Malden, MA: Blackwell.

Grant, L., & Starks, D.(2001), Screening appropriate teaching materials: Closing from text books and television soap operas. IRAL, 39, 39-50.

Gregoric, Anthony F.(1973), Developing plans for professional growth. NASSP Bulletin, 57(377), 1-8.

Henkel, L. A.(2004), Erroneous memories arising from repeated attempts to remember(Journal of Memory and Language, Vol.50 No.1.

Heinich, R., Molenda, M., Russell, J. D., & Smaldindo, S. E.(1996), Instructional media and the new technologies for learning. (5th ed.). Englewood Cliffs. New Jersey: Prentice Hall, Inc.

Herbert, D.(1991), A study of the Influence of Reading a Tapescript To Help Prepare and Develop the Acquisition of Listening Comprehension in English as a Second Language When Using Authentic Video Material with Intermediate Students at the CEGEP Level ERIC Document Reproduction Service No.ED33810.

Hobbs, R.(1998), Democracy at Risk: Building Citizenship Skills through Media Education.
http://interact.uoregon.edu/MediaLit/FA/mlhobbs/

Hoskins, C., & Mirus, R.(1988), Reasons for the US dominance of the international trade in television programmes. Media, Culture & Society, 10. 499-215.

Hymes, D. H.(1972), On communicative competence. In J. B. Pride & J. Holmes(Eds.), Sociolinguistics: Selected readings (269-293). Harmondsworth, UK: Penguin.

James, C. J.(1984), Are you listening? The practical components of listening comprehension. Foreign Language Annals, 17(2), 129-133.

Jewitt, C., & Kress, G.(2003), Multimodal literacy, New York: Peter Lang.

Josh Kaufman, "처음 20시간의 법칙", 도서출판 알키, 2014.

Keller, J. M.(1983). Motivational Design of Instruction. In Instructional Design Theories and Models: An Overview of Their Current Status, ed. by C.M. Reigeluth. Hillsdale, New Jersey: Lawrence Erlbaum Associates, Inc.

Keller, J. M. & 송상호(1999), "매력적인 수업설계", 교육과학사.

Kerridge, D.(1983), The use of video films: Video in the language classroom. London: Heinemann.

Krashen, S. D.(1981), Second language acquisition and second language learning. Oxford: Pergamon press.

Krashen, S. D.(1982), Principles and practice in second language acquisition. Oxford: Pergamon Press.

Krashen, S. D.(1985), The input hypothysis: Issues and implications. London / New York: Longman.

Krashen, S. D., & Terrell, T.(1983), The natural approach Language acquisition in the classroom. Oxford: Pergamon Press.

Lankshear, C., & Knobel, M.(2006), New literacies: Everyday practices & classroom learning. Maidenhead: Open University Press.

McGovern, J.(1983), Video application in English language teaching. Oxford: Pergamon Press.

Mayer, R. E., & Anderson, R. B.(1992), The Instructive Animation: Helping Students Build Connects Between Words and Pictures In Multimedia Learning. Journal of Educational Psychology, 84 (4), 444-452.

Mayer, R. E.(1992), Cognition and instruction: Their historic meeting within educational psychology. Journal of educational Psychology, 84, 405-412.

Mayer, R. E.(1999), Instruction technology. In F. T. Durso, R. S. Nickerson, R. W. Schvaneveldt, S. T. Dumais, D. S. Lindsay, & M. T. H. Chi(Eds.), Handbook of applied cognition (pp.551-569), Chichester, England: Wiley.

Mayer, R. E.(2001), Multimedia Learning. Cambridge: Cambridge University Press.

Mayer, R. E.(2002), Cognitive Theory and the Design of Multimedia instruction: An Example of the Two-Way Street Between Cognition and Instruction. New Directions for Teaching and Learning. 89, spring. Wiley Periodicals. Inc.

Myers, G.(1990), Every Picture tells a story: Illustration in E. O. Wilson's Sociobiology. In M. Lynch & S. Woolgar (Eds), Representation in scientific practice (pp.251-265). Cambridge, MA: MIT Press.

Nida, E.(1975), Learing by listening. In Blair, B.(Ed), Innovative approaches to language teaching. New York: Newbury House.

Oxford, R. L.(1990), Language learning strategies: What every teacher should know. New York: Newbury House/Harper & Row.

Oxford, R. L. & Crookall, D.(1989), Research on language learning strategies: Methods, findings, and instructional issues. The Modern Language Journal, 73, 4040-419.

Price, K.(1983), Closed - Captioned TV: untapped resource. MATSOL Newsletter, 12, 1-8.

Ralph G., Nichols & Leonard A. Stevens(1957), Are you listening? New York, McGraw-Hill. 152. 723.

Rankin, Paul T.(1928), The Importance of listening Ability, English Journal, college ed., 17: 623-639.

Rankin, P.(1930), Listening Ability: Its importance, Measurement and Development, Chicago school J ournal 12, 177-179.

Richard, J. C.(1990), The Language teaching matrix Cambridge: Cambridge University Press.

Richard, J. C. & Schmitdt, R.(2002), Longman dictionary of language teaching and applied lingustics (3rd ed.). London: Longman.

Richard Mayer(2012), 『MULTI-MEDIA LEARNIMG』멀티미디어 학습 이론 기반의 콘텐츠 설계원리, 아카데미프레스.

Ryu, D.(2011), Non-native English speakers' multi-literacy learning in Beyond Game culture: A sociocultural study. journal of Online Learning and Teaching, 7(2). 231-243.

Scott Galloway(2018). The Four: The Hidden DNA of Amazon, Apple, Facebook, and Google.

Semali, L. M., & Fueyo, J.(2001), Transmediation as metaphor for new literacies in multimedia classrooms.

http://www.readingonline.org/newliteracies/lit_index.asp?HREF=semali2/index.html

Sheerin, S.(1983), Exploiting television, video with particular reference: Video in the language classroom. London: Heinemann.

Skinner, D. B.(2004), I was not a lab rat. The Guardian, Friday March 12.

Slobin, D. I.(1979), Psycholinguistics (2nd ed). Glenview, IL: scott, Foresman.

Slobin, D. I.(1985), The crosslinguistic study of language acquisition: Theoretical issues. London: Lawrence Erlbaum Associates.

Smith, J. J.(1990), Closed-Caption Television and Adult Students of English as a Second Language. ERIC Document Reproduction Service No.ED339250.

Suchmann, J. H.(1975), Affective factors and the problems of age in second language acquisition. Language Learning, 25(2), 209-235.

Suchman, L. A.(1987), Plans and situated actions: The problem of human machine interaction. New York, NY: Cambridge University Press.

Takase, F., & Ryu, Y. A.(2002), A study of nonverbal communication based on kinesics through movies: Cultural comparison among Korea, U.S. and Japan. STEM journal, 3(2), 227-244.

The New London Group(1996), A pedagogy of multiliteracies: Designing social futures. Harvard Educational Review, 66(1), 60-92.

Thoman, E.(1998), Skills and strategies for media education.

http://www.medialit.org/ReadingRoom/keyarticles/skillsandstrt.htm.

Treicher, R. D.(1967), Are you missing the boat in training aids? Film an AV Communication, 1(1), 14-16.

Turner, S.(1994), The social theory of practice: Tradition, tacit knowledge and presupposition. Chicago: The University of Chicago Press.

Veriki. I.(2002), What is the value of graphical displays in learning? Educational Psychological Reveiw, 14(3), 21-312.

Watson, J. B.(1913), Psychology as the behaviorist views it. Psychological Review, 20, 158-177.

Watson, J. B. & Raynor, R.(1920), Conditioned emotional reactions. Journal of Experimental Psychology, 3, 1-14.

Wenger, E.(1998), communities of practice: Learning, meaning and identity. Cambridge: Cambridge University Press.

Wong, R.(1987). Teaching pronunciation: Focus on English rhythm intonation. New York: Prentice-Hall.

<사전>

『표준국어대사전』, 국립국어원

『교육심리학 용어 사전』, 학지사

『한국어 교육학사전』, 서울대학교 국어교육 연구소, 하우

김현아

14년째 한국어를 가르치고 있다. 한국외국어대학교 국제지역대학원에서 한국학 사회문화를 전공하였으며 '멀티미디어매체를 활용한 한국어 교육방안'으로 석사학위를, '멀티리터러시에 기반한 한국언어문화교육 프로그램 개발과 효과에 관한 연구'로 박사학위를 받았다. 한서대학교에서 유학생을 위한 교양 한국어 강의를 하며 학생들과 함께 진행한 프로젝트를 통해 K-pop과 K-drama를 활용한 멀티리터러시 한국어 교육의 가능성을 확인하였다. 현재 한서대학교와 국제법률경영대학원에서 한국 대중문화와 한국어 과목을 강의하며 외국인 학습자들을 위한 온라인 멀티리터러시 한국어 교육 프로그램을 개발하고 있다.

포노사피엔스 시대의 멀티리터러시 교육

초판인쇄   2021년 9월 10일
초판발행   2021년 9월 10일

지은이   김현아
펴낸이   채종준
펴낸곳   한국학술정보㈜
주소   경기도 파주시 회동길 230(문발동)
전화   031) 908-3181(대표)
팩스   031) 908-3189
홈페이지   http://ebook.kstudy.com
전자우편   출판사업부   publish@kstudy.com
등록   제일산-115호(2000. 6. 19)

ISBN   979-11-6603-511-1   93370